포스트휴먼으로
살아가기

포스트휴먼으로
살아가기

AI 시대에 우리가 마주한 대격변의 삶

신상규

이상욱

김재희

정혜윤

전혜숙

이상헌

김애령

송은주

지음

아카넷

포스트휴먼,
기회인가 위협인가?

이 책의 전작에 해당하는 『포스트휴먼이 몰려온다』가 출간된 지도 벌써 4년이 지났다. 그 책이 출간될 무렵만 하더라도 우리 사회에서는 '포스트휴먼'이라는 용어 자체가 생소했다. 하지만 이제는 꽤 친숙한 표현이 된 듯하며, '포스트휴먼'이나 '포스트휴머니즘'이라는 말을 입력하면 상당히 많은 문헌 자료가 검색된다. 그런데 아직도 많은 글들이 '기술 혹은 기계와 결합한 미래의 사이보그 존재'라는 의미로 이 표현을 이해하고 있는 것은 아쉬운 부분이다.

'포스트'라는 말은 시간적으로 '~이후'라는 의미와 함께 '넘어서다, 초월하다'라는 뜻을 가지고 있다. 포스트휴먼이라는 말에는 이 두 가지 의미가 중첩적으로 모두 들어 있다. 말하자면 포스트휴먼은 현재 상태의 '인간'이 갖는 한계를 뛰어넘는 동시에 시간상으로 미래에 도래할 '새로운' 인간에 대한 상상을 포괄하는 용어다. 그런데 포스트휴먼에 대한 상상을 하면서 뛰어넘어야 할 인간의 한계를 무엇으로 간주하느냐에 따라 문제에 대한 인식이나 그 처방이 매우 다른 방식으로 전개될 수 있다.

그 한계를 인간 정신과 신체가 갖는 생물학적 한계로 이해하고 기술과의 결합을 통하여 이를 뛰어넘는 포스트휴먼을 상상하는 것은 주로 트랜스휴머니스트들이 취하는 관점이다. 생명과학의 눈부신 발전은 이미 유전자 변형과 같은 방법을 통하여 호모사피엔스라는 생물학적 종의 한계를 뛰어넘을 수 있는 조건을 만들어 냈다. 인공지능의 발전은 생각하는 존재res cogitans라는 인간의 유일성을 위협할 뿐만 아니라, 인터넷, 스마트폰, 가상현실(메타버스), 빅데이터와 같은 다양한 정보 기술과 결합하면서 우리가 거주하는 공간뿐만 아니라 우리가 생각하고 행동하는 일상의 조건을 근본적으로 변화시키고 있다.

트랜스휴머니스트들은 과학기술의 발전에 따라 일어나고 있는 이러한 급진적 변화를 진화적 발전의 한 경로로 간주한다. 그들은 근대 과학기술의 출현이 절대 빈곤의 극복, 건강 수명의 연장, 그리고 오늘날 우리가 누리는 일상의 풍요를 가능하게 만들었듯이 생명공학이나 디지털 기술의 발전이 인류를 새로운 차원의 진보로 이끌 것이라 예상한다.

그러나 이러한 낙관을 그대로 수용하기에는 오늘날 우리가 마주하는 현실의 도전이 너무나 엄혹하다. 기후 위기뿐만 아니라 코로나19 사태에서도 경험했듯이 과학기술이 가져온 풍요는 한편으로 우리 삶의 근본 조건을 크게 위협한다는 사실을 말해 주는 듯하며, 디지털 기술의 발전은 기존의 불평등을 강화할 뿐만 아니라 이른바 '탈진실' 현상을 확산시키면서 민주주의의 기초를 잠식하고 있다. 트랜스휴머니스가 말하는 포스트휴먼이 과연 이런 위기를 극복하는 해결책이 될 수 있을까?

포스트휴먼으로 뛰어넘어야 할 인간의 한계를 단순히 생물학적 한계가 아니라 지금 우리가 인간과 세상을 이해하는 지배적인 관점(세계관)이 내포하는 한계로 설정할 수도 있다. 우리는 자본주의라는 조건 속에서 인간중심주의, 개인, 자유, 경쟁, 효율, 시장 등과 같은 개념들의 연결망이 지배적인 서사를 형성하는 사회에 살고 있다. 발전이나 진보는 새로운 기술의 개발이나 경제적 부의 증대와 쉽게 동일시된다. 그런데 여기에는 인간 삶이 갖는 가치의 근원이나 우리의 일상이 빚고 있는 인간/비인간 타자와의 관계에 대한 반성이 빠져 있다.

비판적 포스트휴머니스트로 불리는 일군의 학자들은 인간 삶에 대해 우리가 가지고 있는 일상적 이해의 틀에 균열을 내는 새로운 서사의 상징으로 포스트휴먼을 사유한다. 우리의 행위를 규제하는 많은 규범적 원칙은 알게 모르게 정신/육체, 생명/기계, 자연/인공, 남성/여성, 인간/비인간과 같은 익숙한 범주적 구분과 맞물려서 함께 작동한다. 그런데 엄청난 속도로 발전하고 있는 과학기술의 조건 속에서 우리가 접하는 많은 현상은 그런 이분법적 구분에 포섭되기를 거부한다. 그러한 범주적 구분과 그것에 입각한 규범들의 상당 부분이 이미 유효성을 상실해 버렸다면 지금 우리에게 필요한 것은 인간의 삶을 의미화하는 방식이나, 타인 혹은 비인간-타자와 관계 맺는 방식, 생태적 환경으로서의 세계와 상호작용하는 방식을 규제하는 규범의 내용을 전면적으로 재정비하는 일이다.

이런 의미의 포스트휴먼 담론은 팬데믹과 같은 인류세적 위기나 인공지능 기술과 같은 첨단 과학기술이 제기하는 다양한 도전에 대응하면서, 인간 중심적 사고를 비롯하여 우리가 평소에 너무나 당연하다고 가정하는 '정상성'에 대한 생각을 의심하고 이를 대체할 새로운 정상성의 규범을 모색하는 시도라고 할 수 있다. 물론 이때의 새로운 정상성은 다원성의 가치에 기반하면서 억압적이거나 차별적이지 않아야 하며, 언제나 새로운 변화나 도전에 열려 있는 유연한 정상성이어야 할 것이다.

지금 우리에게 필요한 것은 우리의 사소한 일상적 행위가 타인 혹은 자연의 타자들에 대한 해악으로 귀결되지 않는 새로운 삶의 방식을 상상할 수 있도록 해 주는 대안적 서사다. 포스트휴먼의 형상은 기존의 낡은 범주적 구분을 해체하면서, 우리에게 너무나 익숙한 상식이나 관행을 낯설게 바라볼 수 있게 만드는 계기로 작동한다. 이제는 기존의 서사를 맹목적으로 수용하기보다 '상자 바깥'에서 생각해야 할 때다. 그런 점에서 포스트휴먼이라는 말이 갖는 가장 중요한 의미는 지금까지 당연시되어 온 근대적 인간 중심의 사고를 벗어나서 지구상의 비인간 존재들과 공존을 모색하는 새로운 인간의 길 혹은 삶의 방식에 대한 탐색 속에서 드러난다.

우리가 살아갈 미래의 모습은 지금 우리가 내리는 선택에 달려 있다. 그리고 그 선택은 '인간됨'의 의미나 조건을 포함하여 우리가 중요하다고 생각하는 가치들의 목록과 그것들 사이의 우선성에 따라 결정될 것이다. 문제는 그러한 평가나 선택의 과정이 우리에게 익숙한 개념이나 삶의 문법이 아니라, 포스트휴먼 시대의 도래에 걸맞은 새로운 언어와 문법을 통해 이루어져야 한다는 것이다.

『포스트휴먼이 몰려온다』가 출간된 이후 4년이라는 짧은 기간 사이에도 많은 중요한 일들이 일어났다. 그중에서도 특히 코로나19가 유발한 '팬데믹'이나 2023년 챗GPT를 필두로 한 거대 언어 모델 생성 인공지능의 출현은 우리 삶이 처한 포스트휴먼적 곤경이 앞으로 도래할 미래의 문제가 아니라 당면한 현재진행형의 문제임을 적나라하게 보여 주었다.

팬데믹을 통해 인간 생명은 다른 형태의 생명 및 기술적 조건과 연결되어 상호작용과 교차의 네트워크를 형성하는 상호 의존적 관계 체계의 일부라는 사실이 다시 한 번 확인되었다. 팬데믹 초기만 하더라도 중국의 일부 지역에 감염병이 발생했다는 뉴스가 간헐적으로 들려왔을 뿐이었지만, 얼마 지나지 않아서 항공이나 해상을 통한 인간의 빈번한 이동은 이를 전 지구적 수준의 재앙으로 만들었다.

인수 공통 전염병 발병의 주된 원인으로 지목된 것은 자연환경에 대한 인류의 과도한 개입과 훼손이다. 생태계에 대한 인간의 침탈과 파괴는 원래 그곳에 서식하던 여러 동물 종의 멸종을 유발할 뿐 아니라, 멸종 위기에 처한 종에 기생하던 미생물이 새로운 숙주와 생태학적 틈새를 찾도록 강제했다고 한다. 이로부터 우리 인류가 미생물을 포함하여 식물과 동물, 생태, 기술적 조건과 얽혀 있는 지구에 묶인 존재라는 점이 너무나 분명하게 드러났다.

팬데믹과 함께 많은 이들이 팬데믹 이전의 삶과 이후의 삶이 결코 같을 수 없다는 의미에서 '뉴노멀'을 말하기 시작했다. 사람들은 더 이상 과거처럼 편하게 물리적으로 이동하거나 만날 수 없었으며, 직장이나 학교는 봉쇄되었고, 각종 회의나 교육은 디지털 기술을 활용한 비대면 형태로 전환되었다. 유튜브나 넷플릭스를 보는 것이 다른 여가 활동을 대체했으며, 동시에 전자상거래나 물류와 음식 배달 사업의 폭발적인 팽창이 이루어졌다.

팬데믹은 줌Zoom과 같은 기술 도입을 최소 10년 이상 더 빨리 전면화되도록 강제하면서 우리 삶의 가상화virtualization를 놀라울 정도로 진전시켰다. 물론 그러한 현상이 코로나 때문에 갑자기 시작된 것은 아니다. 우리의 생활 세계에 깊숙이 안착한 휴대폰이나 카톡, 각종 SNS는 이미 우리 삶의 많은 부분이 디지털로 매개되는 정보 공간에서 일어나도록 만들었다. 팬데믹은 이를 거스를 수 없는 추세로 못 박았으며, 가상/증강현실 기술의 발전을 통한 우리 삶의 가상화는 점점 더 강화될 것이다. 그에 따라 물리적 실재와 가상의 구분은 점점 더 희미해질 것이다.

팬데믹이 어느 정도 잠잠해질 무렵인 2022년 11월 말에는 생성 인공지능 챗GPT에 대한 소식이 들려왔다. 생성 인공지능은 입력된 텍스트나 이미지 등의 패턴과 구조를 학습한 다음에 유사한 특성을 가진 새로운 데이터를 생성하는 인공지능을 일컫는 말이다. 챗GPT를 만든 미국의 오픈AI는 이미 2020년 6월에 1750억 개의 매개변수를 사용하는 3세대 자동 회귀 언어 모델인 GPT-3를 발표한 바 있다. 1750억이라는 매개변수의 규모도 놀라웠거니와, 인간 수준의 자연어 텍스트를 생성하는 능력 또한 매우 인상적이었다. 챗GPT는 이 GPT-3에 강화 학습을 적용해 더욱 업그레이드한 GPT-3.5를 기반으로 개발된 것이다.

챗봇 형태의 대화형 인터페이스를 갖춘 챗GPT는 출시 후 불과 5일 만에 100만 사용자를 달성할 정도로 폭발적인 인기를 누렸다. 챗GPT뿐 아니라 DALL-E나 Midjourney와 같은 이미지 생성 인공지능도 덩달아 많은 사람들의 시선을 끌었다. 그리고 챗GPT가 출시된 지 불과 4개월 만에 성능을 훨씬 업그레이드한 GPT4가 출시되었다. GPT4는 텍스트, 이미지, 오디오, 동영상 등의 다양한 미디어를 통합적으로 처리할 수 있는 멀티모달multi modal의 특징을 가지고 있다(GPT4의 매개변수는 1조 7천억 개로 추정된다).

생성 인공지능의 본성이나 그 성격에 관해서는 전문가들 사이에서도 의견이 엇갈리고 있다. 한편에서는 이를 인간 수준의 인공지능이나 일반 인공지능의 초기 단계, 인간의 지능을 위협하는 존재 등으로 파악하는 반면, 다른 편에서는 통계적 연관에 기초한 패턴 인식 기계에 불과한 확률적 앵무새에 불과하다고 치부한다. 그러나 인공지능의 발전에 따라 일이나 직업, 교육, 예술이나 창작, 놀이, 정치, 법률이나 의료적 관행 등 우리의 일상을 뒷받침하는 사회적 구조나 구체적 행동 양식이 크게 뒤바뀌게 될 것이라는 점에 대해서는 크게 이견이 없어 보인다.

인공지능은 우리에게 엄청난 혜택을 가져다줄 기회일 수도 있지만, 동시에 회복할 수 없는 해악을 유발할 잠재력을 가진 위험한 기술이다. 동시에 그것은 앞으로 우리 시대의 개인이나 사회의 정체성을 규정하는 중요한 구성 요소인 동시에, 배경적 환경으로서 우리 삶의 상수적 조건으로 작용할 것이다. 인공지능 기술이 가져다주는 제약적 어포던스affordance에 맞추어 인간-기술의 적절한 동반 관계를 모색하는 일이 시급해 보인다.

이러한 모든 사건이 오늘날 우리가 처한 포스트휴먼적 상황 혹은 곤궁을 나타내고 있다. 우리는『포스트휴먼으로 살아가기』를 통하여 기술, 인간, 세계라는 대주제 아래에 1) 업로딩과 디지털 영생 2) 특이점과 초지능의 위협 3) 가상현실과 메타버스 4) 인공지능과 예술 5) 바이오아트 6) 트랜스휴머니즘과 종교 7) 포스트휴먼 생태학과 페미니즘 8) 포스트코로나와 동물과의 공존이라는 여덟 가지의 주제 아래 지금 우리가 직면한 다양한 포스트휴먼 현실을 분석하고, 거기서 우리가 발견할 수 있는 새로운 기회나 가능성은 무엇이며 동시에 그 속에 내포된 위협은 무엇인지를 진단하면서 모두가 희망할 수 있는 미래의 모습에 대한 지혜를 모으고자 했다.

전작인 『포스트휴먼이 몰려온다』가 대학에서 교재로 많이 활용되고 있다는 반가운 소식을 들었다. 『포스트휴먼으로 살아가기』에서 다루는 주제들은 전작의 주제들과 겹치지 않으면서 서로를 적절히 보완하는 관계에 있는 것이다. 이 두 책을 함께 활용한다면 한 학기에 소화할 수 있는 포스트휴먼 담론에 대한 상당히 충실한 입문 교재의 역할을 할 수 있을 것으로 기대한다.

2024년 봄

파주에서
필진을 대표하여 신상규

차례

머리말 …… 005

1부 **기술** …… 017

1장 디지털 불로초를 찾아서 신상규 …… 019

2장 초지능에게 인간적 가치를 가르쳐야 할까? 이상욱 …… 055

3장 메타버스, 다른 세상에 대한 꿈? 김재희 …… 083

2부 **인간** …… 113

4장 인공지능에게 어떤 예술을 기대할 수 있을까? 정혜윤 …… 115

5장 혼성되고 디자인되는 포스트휴먼 신체 전혜숙 …… 149

6장 인간 향상은 구원으로 인도하는가? 이상헌 …… 181

3부 **세계** …… 213

7장 생태 위기에 맞서 다른 미래를 이야기할 수 있는가? 김애령 …… 215

8장 포스트코로나, 동물과 공존하는 삶은 가능할까? 송은주 …… 243

일러두기

- 단행본, 잡지 등 책으로 간주할 수 있는 것은 겹낫표(『 』)로, 책의 일부나 단편소설, 신문 등은 홑낫표
 (「 」)로, 미술, 음악, 연극 등의 작품명은 홑화살괄호(〈 〉)로 표기했다.
- 외래어 표기와 관련해서는 국립국어원 외래어표기법을 따랐으나, 관습적으로 굳은 표현은 그대로
 허용했다.

1부

기술

1장

디지털 불로초를
찾아서

신상규

●
○

생명 연장의

꿈　　　불로초는 영원히 살고자 하는 인간의 욕망을 상징하는 전설 속 식물이다. 영생까지는 모르겠지만 우리는 대부분 건강하게 더 오래 살고 싶은 욕구를 가지고 있다. 피부의 탄력을 유지하고 건강한 몸 상태를 유지하기 위해 각자 쏟는 다양한 노력이나, 지금도 가파르게 성장하고 있는 헬스 케어 산업의 규모를 생각해보라. 만일 조금 더 건강하게 오래 살 수 있는 기술이 개발되어 그 수혜를 입을 수 있다면 당신은 그 기술 사용을 거부할 수 있겠는가?

　영국의 오브리 드 그레이Aubrey de Grey라는 학자는 늙어서 죽는다는 것, 노화라는 것이 피할 수 없는 자연의 한 과정이라기보다 일종의 질병이라고 생각한다. 노화나 죽음도 치유하고 극복해야 할 대상이라는 것이다. 그는 『노화 끝내기Ending Aging』라는 책에서 "무시해도 될 정도의 노화를 위한 공학적 전략"을 이야기하면서 노화 과정에서 분자와 세포에 일어나는 일곱 종류의 손상을 나열하고 종국에는 과학이 그것들을 방지하거나 고칠 수 있을 것이라 예상했다. 특히 암 연구에 투자하는 정도의 많은 경제적인 자원을 지속적으로 투입한다면 얼마 지나지 않아서 노화 과정을 억제하거나 역전할 수도 있으며, 교통사고 같은 외부 충격으로 죽지 않는 한 젊음을 유지하면서 실질적으로 죽지 않는 삶을 누릴 수 있을 것이라 전망하기도 했다.

그런데 생물학적인 노화의 억제나 극복이 생명 연장을 위한 유일한 방책이 아닐 수도 있다. 인간의 마음을 두뇌에서 컴퓨터로 전송하는 '업로딩'이 가능하다면 말이다. 트랜스휴머니즘은 과학기술을 통해서 인간의 생명이나 신체적 혹은 정신적 능력을 근본적으로 개선하는 것이 바람직하며, 그러한 가능성을 적극적으로 탐색하고 구현해야 한다는 주장이다. 대표적인 트랜스휴머니스트인 닉 보스트롬Nick Bostrom이나 레이 커즈와일Ray Kurzweil 같은 사람들은 업로딩이 인간 지성의 향상이나 죽음의 극복과 관련한 중요한 하나의 경로라고 생각한다.

업로딩(때로는 '다운로딩', '마음 업로딩' 혹은 '두뇌 재건'이라 부르기도 함)은 지능을 생물학적 두뇌에서 컴퓨터로 전송하는 과정이다. 이를 수행하는 한 가지 방법은 먼저 특정 두뇌의 시냅스 구조

닉 보스트롬

1973~ . 스웨덴 출신의 철학자로, 과학기술을 통해 인간의 정신적이
고 신체적인 능력을 근본적으로 향상시킬 수 있다는 가능성을 적극
적으로 탐색하는 트랜스휴머니즘을 대표하는 세계적 석학이다.

를 스캔한 다음에, 전자 매체에 동일한 계산(구조, 과정)을 구현하는 것이다. … 업로딩의 이점은 다음과 같다. 업로딩은 생물학적 노화의 영향을 받지 않는다. 업로딩의 백업 사본을 정기적으로 생성하여 문제가 발생한 경우 재부팅할 수 있다. (따라서 당신의 수명은 잠재적으로 우주의 수명만큼 길어질 것이다.) … 근본적인 인지 향상도 유기적 두뇌에서보다 업로딩에서 구현하기가 더 쉬울 것이다. … 널리 수용되는 입장은 당신의 기억, 가치관, 태도, 정서적 성향 등 특정의 정보 패턴이 보존되는 한 당신이 생존한다는 것이다.[1]

『특이점이 온다』의 저자이면서 현재 구글의 기술 책임자로 활동하고 있는 커즈와일은 초인공지능이 출현하는 특이점을 지나고 나면 인간이 자신의 마음을 컴퓨터로 업로딩해서 신체의 죽음을 극복할 것이라 전망한다. 노화나 노쇠가 불가피한 생물학적 신체를 버리고 디지털 가상 세계로 이주하거나, 기계 몸통과 결합한 전자 두뇌의 형태로 생명 연장을 추구할 수 있다는 것이다.

이들에 따르면 하나의 인격체로서 나의 생존은 정보 패턴으로서의 정신이 지속하느냐 여부에 달려 있다. 업로딩은 생물학적 신체의 속박에서 벗어나 인지나 신체 능력을 훨씬 쉽게 향상할 수 있도록 만들어 줄 뿐 아니라, 무엇보다도 노화나 죽음의 두려움에서 벗어나게 해 준다. 뇌나 신체를 폐기하고도 생존이 가능하며, 필요

---

1 Nick Bostrom, "The Transhumanist FAQ Ver. 2.1.", p. 17.

에 따라 백업본의 재부팅을 통해 청춘의 삶을 영원히 누릴 수 있다면 이 얼마나 매력적인 유혹인가?

킴 수오지의 희망

2015년 9월 13일자 「뉴욕타임스」에는 "냉동 보존술과 미래를 향한 한 젊은 여성의 희망"이라는 기사가 실렸다.[2] 2013년 1월에 킴 수오지Kim Suozzi라는 여학생이 스물세 살의 젊은 나이로 사망했으며, 본인의 희망에 따라 뇌를 꽁꽁 얼리는 냉동 보존cryonics 절차를 진행했다는 내용이었다. 수오지는 인지과학을 부전공하고 신경과학 분야의 대학원 진학을 꿈꾸던 학생이었다. 그녀는 악성 뇌종양 진단을 받고 거의 2년간 투병 생활을 했지만 상태가 호전되지 않았다. 결국 그녀는 자신의 시신을 얼려 보관하고 나중에 과학기술이 더 발전했을 때 그것을 녹여서 부활하겠다는 희망으로 냉동 보존을 선택했다. 그녀의 이러한 선택에 결정적인 영향을 끼친 것이 커즈와일의 책이었다.

유럽이나 미국에는 인간의 시신을 냉동 보존을 해 주는 크라이오닉스cryonics 서비스가 이미 이루어지고 있다. 대표적인 곳이 알코어생명연장재단Alcor Life Extension Foundation인데, 몸 전체 혹은 머리만을 보관하는 서비스를 제공한다. 이 재단에는 대략 1400여 명의 살

---

2 Amy Harmon, "A Dying Young Woman's Hope in Cryonics and a Future", *The New York Times*.

아 있는 회원과 200여 명의 죽은 회원이 소속되어 있는데, 신체 전부를 냉동 보존을 하는 데는 20만 달러, 머리만 보존하는 데는 8만 달러의 비용이 드는 것으로 알려져 있다.[3]

경제적으로 풍족하지 않았던 수오지는 연인과 함께 자신의 안타까운 사정을 공개하고 인터넷 펀딩을 통해서 자신의 머리를 냉동 보관할 비용을 마련했다. 이후 수오지는 알코어생명연장재단이 위치한 애리조나주 스코츠데일로 거처를 옮긴 뒤 생의 남은 시간을 보내게 되었다. 뇌종양은 계속 진행되면 뇌의 조직도 계속 손상되기에 손상의 정도가 너무 심해지면 냉동 보존 자체가 무의미해질 수도 있다. 그래서 수오지는 마지막 10여 일 동안 거의 아무것도 먹지 않고 물만 마시는 방식으로 자신의 생명을 앞당겨서 죽는 과정을 선택했다.

머리만을 보관한다는 것은 전체 몸을 냉동하는 경우와 달리 생물학적 신체 전체의 부활을 의도하지 않는다. 이는 나라는 존재를 이루는 자아 혹은 인격이 우리의 두뇌 속에 거주하고 있음을 암묵적으로 전제하면서, 최소한 뇌의 구조를 보존하고 나중에 그 구조를 복원하게 되면 나의 인격이나 자아도 부활하게 될 것이라는 생각을 바탕으로 한다. 이런 생각은 우리의 기억이나 가치에 대한 신념, 세계에 대한 믿음, 감정 등의 정신적 특성이 어떤 형태로든 뇌의 구조, 즉 시냅틱 연결망의 구조 속에 들어 있을 것이라는 첨단의 인

3 https://www.alcor.org/ 참조.

지과학이나 신경과학의 주장과도 상통한다.

인간의 두뇌는 뉴런이라는 신경세포로 이루어져 있고, 각각의 뉴런들은 시냅스라고 부르는 연결점을 통해서 복잡하게 얽혀 있는 망을 형성하고 있다. 한 인간이 가지고 있는 두뇌의 모든 연결 구조를 나타내는 표현이 '커넥톰'이다. 우리 각자의 두뇌는 각각 고유한 커넥톰을 가지고 있다. 저명한 한국계 신경과학자인 세바스찬 승은 "나는 바로 나의 커넥톰이다"라고 선언했다. 말하자면 나라고 부를 수 있는 인격이나 자아, 혹은 각자가 가지고 있는 개성이나 차이가 그것들의 물질적 기반에 해당하는 커넥톰에 반영되거나 구현되어 있을 것이라는 주장이다.[4]

냉동 보존술에 따르면 환자가 죽으면 가능한 한 짧은 시간 안에 환자의 머리를 잘라서 냉동 보관 처리를 하게 된다. 그런데 급속 냉동 과정에서 신체 세포 안에 있는 수분이 팽창하면서 세포가 손상을 입게 되므로 이를 방지하기 위하여 혈관에 동결 보호제를 넣어서 혈액이 팽창하지 않도록 냉동하게 된다. 나중에 알려진 바에 따르면 수오지의 경우에는 허혈로 인한 혈관 손상 때문에 동결 보호제가 뇌의 바깥 부분에만 도달하고 심층 부분에는 미처 도달하지 못하여 두뇌 내부가 얼음 손상에 노출되었을 가능성이 있다고 했다. 수오지는 과연 자신의 소원대로 기술이 발전한 미래에 부활할 수 있을까? 비록 수오지의 두뇌 세포체는 파괴되었다 하더라도 만

---

4 승현준, 『커넥톰, 뇌의 지도』(김영사, 2014).

냉동 보존 장치
유럽과 미국에서는 사람의 시신을 냉동 보관해 주는 서비스가 현재
시행되고 있으며, 대표적인 곳이 미국 애리조나주 스코츠데일에 있는
비영리 단체인 알코어생명연장재단이다.

약 두뇌 구조를 전자적인 방식으로 복원할 수 있다면 그녀는 전자 두뇌의 형태로 부활할 수 있을까?

마음의 업로딩　　넷플릭스의 〈블랙 미러〉 시리즈 중 〈샌주니페로〉라는 에피소드가 바로 그런 가능성을 소재로 한다. 드라마는 샌주니페로라는 도시에 있는, 1980년대 복고풍의 디스코 클럽에서 시작한다. 그런데 샌주니페로는 실제로 존재하는 물리적 공간이 아니라 컴퓨터가 만들어 낸 디지털 가상공간이다. 여기에 등장하는 두 명의 여자 주인공인 요키와 켈리도 사실은 디지털 인격체다. 물론 아직은 실제의 몸과 연결되어 있기는 하지만 말이다.

　샌주니페로 속에서 이들은 20대나 30대의 모습을 하고 있지만, 실제 현실 세계에서는 70~80대의 할머니들이다. 요키는 동성애자라는 이유로 가족의 외면을 받고, 20대에 교통사고를 당해서 평생을 마비된 상태로 병원의 침대에 누워 지낸다. 켈리는 딸을 먼저 보내고 남편과 사별한 채 중병에 걸려서 시한부의 삶을 살고 있다. 두 사람은 죽음을 앞둔 사람들에게 주어지는 샌주니페로 체험 기회 덕분에 서로 만나서 사랑하는 사이가 된다.

　요키의 생물학적 죽음이 가까워지자 최종적으로 이들에게는 두 개의 선택지가 놓인다. 하나는 죽음을 받아들이고 세상을 떠나는 패스 어웨이pass away다. 통상적인 의미의 죽음을 택하는 것이다. 다른 하나는 디지털 가상 세계인 샌주니페로로 영원히 넘어가는 패스 오버pass over다. 가상 세계에서 새로운 삶을 살아갈 기회를 얻는 것이다. 이때 신체는 생물학적 죽음을 맞게 되고, 정신만이 따로 추출되어 컴퓨터에 보관된다.

요키는 20대에 당한 교통사고 때문에 제대로 된 성년의 삶을 살아 본 경험이 없다. 그런데 샌주니페로에서는 아무런 신체적 장애 없이 사고 이전의 젊은 모습으로 자유롭게 살아갈 수 있다. 새로운 삶에 대한 기대 속에 패스 오버를 선택하는 요키의 판단은 일견 너무 당연해 보인다. 요키의 상대역인 켈리는 먼저 떠나보낸 남편이나 딸을 생각하며 망설이는 모습을 보인다. 하지만 결국 그녀 또한 요키와의 사랑을 위하여 패스 오버의 삶을 선택하게 된다.

드라마의 마지막에 조그만 구슬 같은 것을 쭉 늘어선 메인 서버에 끼워 넣는 장면이 등장한다. 주인공들의 정신을 물질적인 방식으로 보존하여 샌주니페로의 세계로 이주시키는 과정이다. 패스 오버 이전의 그들은 영화 〈매트릭스〉에서처럼 여전히 몸을 가진 채 두뇌-컴퓨터 접속 인터페이스를 통하여 샌주니페로를 방문했다. 그러나 이제 그들은 컴퓨터가 만든 디지털 가상 세계 속에서 오직 정보의 형태로만 존재하는 디지털 인격체들이다. 만약 당신에게도 이런 선택의 기회가 주어진다면 어떤 선택을 할 것인가? 〈샌주니페로〉의 마음 업로딩 이야기는 단순히 SF적인 공상일까, 아니면 앞으로 과학기술에 의해 구현될 수 있는 현실적 가능성일까?

최근 넷플릭스에서 개봉된 〈정이〉도 마음 업로딩을 소재로 한 작품이다. 극 중의 윤정이(김현주 분)는 수많은 군사작전을 승리로 이끈 전설의 용병이지만, 한 번의 작전 실패로 인해 식물인간이 된다. 군수 개발 업체인 크로노이드는 그녀의 뇌 구조를 읽어 내고 복제해서 최고의 AI 전투 기계인 '정이'를 개발하려고 한다. 전투 로봇인 정이는 윤정이의 마음을 복제하여 전자두뇌로 업로딩한 로봇이다. 그런데 〈샌주니페로〉의 경우와 달리 〈정이〉에서는 로봇 정이가 원래의 윤정이와는 전혀 다른 존재라는 주장이 등장인물들의 대화 속에서 암시된다.

이때 이들이 서로 다른 존재라는 것은 무슨 의미일까? 영화 속에는 수많은 로봇 정이들이 등장한다. 한 대의 로봇 정이가 실험 이후에 파기되면 또 다른 로봇 정이가 활성화되는 방식이다. 그런데 이들을 동시에 활성화하는 것에 어떤 장애가 있어 보이지는 않는다. 반면 원래의 윤정이는 깊은 코마 상태에 빠져 있다. 그런 점에서 이들은 분명 수적으로numerically 서로 다른 개체들이다. 그럼에도 로봇 정이가 윤정이의 마음을 그대로 복제한 존재라면 그녀를 원래의 윤정이와 같은 인격으로 보아야 하는 것은 아닐까? 딸 서현이 목숨을 걸고 로봇 정이를 탈출시키려 노력하는 것도 그런 이유 때문이 아닐까?

보스트롬이나 커즈와일에 따르면 내가 누구인지를 결정하는 것은 결국에는 내가 가지고 있는 기억, 가치관, 믿음, 태도, 감정과 같이 나라는 존재를 이루는 정보 혹은 정보의 패턴이다. 그리고 나를 이루는 정보 패턴이 보존되는 한 나는 여전히 살아 있다고 이야기할 수 있다. 그래서 우리 인간의 커넥톰 혹은 두뇌 구조에 들어 있는 지성(혹은 정신, 마음)을 그대로 컴퓨터에 옮겨 놓은 존재가 있다면 그 존재를 원래 나의 생존으로 보아야 한다는 것이 이들의 주장이다. 로봇 정이도 원래의 인간 윤정이의 커넥톰을 읽어 내어 그것을 전자적 두뇌로 재현한 존재다. 그렇다면 로봇 정이도 결국 인간 윤정이와 동일한 인격체로 보아야 하는 것은 아닐까?

나를 나이게
하는 것은 무엇인가

업로딩은 나라는 존재를 무엇으로 보아야 하는지의 질문, 철학에서 인격 동일성 혹은 인격 정체성의 문제라고 부르는 것과 밀접하게 연관되어 있다. 내가 계속 살아 있거나 존재한다는 것의 기준이나 조건은 무엇인가? 우리는 10년 전의 나와 1년 전의 나, 그리고 지금의 나가 모두 똑같은 사람이라고 생각한다. 그런데 시간적으로 다른 지점에 존재하는 이들을 똑같은 하나의 나라고 판단하는 기준은 무엇일까? 과거의 나와 지금의 나를 하나의 나로 묶어 주는 것이 있다면 그것이 바로 인격 동일성의 기준이다.

이와 관련하여 우리에게 가장 익숙한 생각 중의 하나는 영혼이론의 관점이다. 몸이 바뀌는 것을 소재로 하는 영화나 드라마가 많이 있다. 할아버지와 손자, 엄마와 딸, 심지어 남자와 여자 사이에 몸이 바뀌기도 한다. 이런 영화나 드라마에서 비록 몸은 바뀌어도 그 사람이 누구인지를 결정해 주는 것은 각자의 영혼이다. 즉 나를 나이게 하는 것은 신체가 아니라 나의 영혼이 어디 있는지에 달려 있다. 과거의 나와 지금의 내가 똑같은 사람인 이유도 그때의 영혼과 지금의 영혼이 동일하기 때문이다.

영혼의 존재는 인격 동일성의 문제에 대해 매우 손쉬운 답변을 제공하지만, 신체를 떠나서는 어떤 영혼이 누구의 것인지를 확인할 방법도 없고 심지어 영혼의 존재 여부조차도 확신하기 어렵다는 문제가 있다. 영혼은 물질적인 신체와는 완전히 구분되며, 신체에서 분리되어 따로 존재할 수 있는 어떤 것이다. 철학에서는 다른 것에 의존함이 없이 그 자체로 존재할 수 있는 것을 실체substance라고 부르는데, 영혼은 물질적인 것에 의존함이 없이 독자적으로 존재할 수 있는 정신적인 실체에 해당한다.

여러 종교에 따르면 우리는 죽고 나면 사라지는 것이 아니라 천당이나 지옥의 저승 세계로 간다. 이때 천당이나 지옥에 가는 것은 우리의 신체에서 벗어난 영혼이다. 그렇다면 이승에서 맞는 죽음은 엄격히 말해서 내 신체의 죽음이지 나 자신의 죽음은 아니다. 나의 영혼이 저승 어딘가에 계속 존재할 것이기 때문이다. 영혼은 신화나 종교, 여러 드라마의 원천이기는 하지만 오늘날의 과학적 관점에서 보면 과연 그런 것이 존재한다고 말할 수 있는지 분명하지 않다. 일단 그것은 물질적인 것이 아니기에 그 존재를 확인할 방법이 없다.

영혼 이론과는 구분되지만 신체의 뒤바뀜과 같은 사례에 대한 우리의 직관과 잘 일치하는 이론이 있으니 이른바 심리적 지속성 이론 혹은 기억 이론이다. 이 견해에 따르면 나를 이루는 것은 나의 기억이라든지 신념, 생각과 같은 정신적인 특성의 집합이다. 이러한 정신적 특성이 모종의 연속성을 띠면서 유지된다면 나라는 존재의 인격 동일성 혹은 정체성도 유지되거나 보존된다. 몸이 서로 바뀌는 영화를 보면서 우리는 몸 혹은 육체가 아니라 생각이나 기억, 관점을 기준으로 그 사람이 누구인지를 판별한다. 여기서 실질적인 기준으로 작용하는 것은 영혼이라기보다 기억이나 신념, 생각과 같은 심리적인 특성이다.[5]

정신이란
무엇인가

영혼의 존재를 부인하는 것이 곧 마음이나 정신의 존재를 부정하는 것은 아님에 유의할 필요가 있다. 몸과 마음의 관계에 대한 이론에서 오늘날 지배적인 견해는 유물론 혹은 물리주의다. 이 견해는 우리의 정신이나 마음을 두뇌나 신체 상태와 동일한 것으로 보거나, 두뇌나 신체 상태에 의존하여 실현(구현)되는 모종의 기능적인 고차원 상태로 간주한다.

정신과 두뇌를 서로 다른 둘이 아니라 동일한 하나로 간주하는 생각을 심신 동일론 혹은 간략하게 동일론이라고 부른다. 가령 '사랑은 단지 옥시토신의 분비 과정이야'라는 말이 동일론의 언명에 해당한다. 이 관점은 우리의 정신적 상태나 과정을 특정한 두뇌 상

---

5   물론 나의 신체나 두뇌와 같은 물질적인 기반을 중심으로 동일성을 판단하는 이론도 있으며, '나'에 해당하는 '자아'의 존재를 아예 부정하는 견해도 있다.

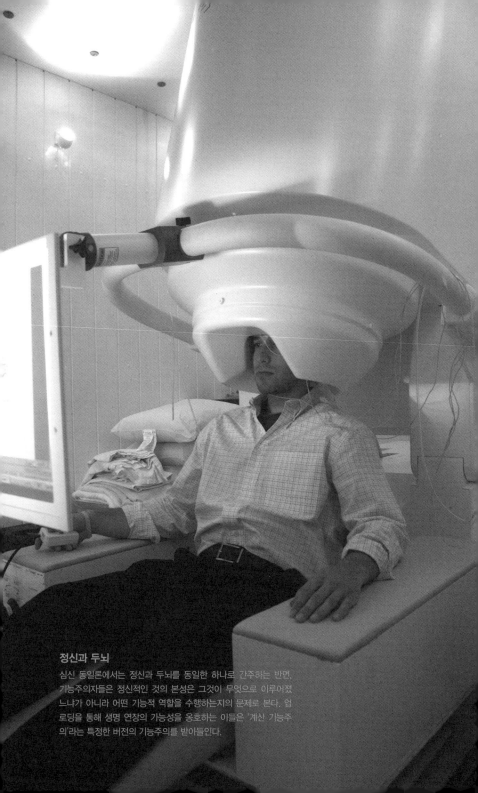

정신과 두뇌

심신 동일론에서는 정신과 두뇌를 동일한 하나로 간주하는 반면, 기능주의자들은 정신적인 것의 본성은 그것이 무엇으로 이루어졌느냐가 아니라 어떤 기능적 역할을 수행하는지의 문제로 본다. 업로딩을 통해 생명 연장의 가능성을 옹호하는 이들은 '계산 기능주의'라는 특정한 버전의 기능주의를 받아들인다.

태나 과정과 동일한 것으로 간주한다.

그런데 이런 생각은 치명적인 난점을 가지고 있다. 이들의 생각을 따라서 가령 우리가 느끼는 통증이 C-신경섬유의 발화와 동일하다고 가정해 보자. 이는 달리 말하면 C-신경섬유를 가지고 있지 않은 존재는 통증을 느끼지 못한다는 말과 같다. 그러나 탄소를 기반으로 하는 인간의 신체 구성과는 매우 다른 신체적 조건을 가진 외계인, 가령 실리콘 기반의 신체를 가진 외계인이 있고 이들도 인간 신체와는 다른 물질적 기전을 통해서 통증을 느낄 것이라 상상해 볼 수 있다. 이들이 단지 인간과 다른 신체적, 물질적 구성을 가지고 있어서 통증을 느낄 수 없다고 말하는 것은 너무나 인간 중심적인 발상이다.

그래서 나온 것이 기능주의다. 동일론의 문제는 정신 상태를 구성하는 물질적 상태의 특정한 생리적 본성을 곧 정신적 상태의 본성과 동일하다고 간주하는 것이다. 기능주의에 따르면 특정한 두뇌 상태를 정신적 상태로 만들어 주는 것은 그 상태가 갖는 신경생리학적 본성이 아니라, 그 상태가 수행하는 모종의 인과적인 혹은 기능적인 역할 때문이다. 즉 정신적인 것의 본성은 그것이 무엇으로 이루어졌느냐가 아니라, 어떤 역할의 일을 수행하는지의 문제라는 것이다. 인과적 기능에 의해 그 본성이 규정되는 대표적인 것으로 시계나 책상, 자동차와 같은 인공물들을 들 수 있다. 시계를 시계로 만들어 주는 것은 특정한 물질적 재료나 구성이 아니라 그것이 수행하는 기능이나 역할 때문이다. 책상이나 자동차의 경우도 마찬가지다.

　기능주의자들은 정신적 상태의 본성 또한 이러한 인공물의 경우와 마찬가지로 그것이 수행하는 인과적, 기능적 역할을 통해 규정되어야 한다고 주장한다. 정신적 상태는 특정한 인과적 입력에 반응하여 특정한 (행동적) 출력을 산출하는 인과적 중개자다. 그런 의미에서 정신적 상태의 본성을 규정하는 인과 기능이나 역할은 그러한 상태를 불러일으키는 전형적인 원인과 그 상태가 야기하는 행동 결과, 그리고 그러한 인과적 매개를 수행하는 과정에서 다른 정신 상태와 주고받는 상호작용의 총합이 된다.

　업로딩을 통해 디지털 기반으로 이전되는 것은 영혼이 아니라 이러한 기능적 상태나 과정의 집합인 정신 혹은 마음이다. 특히 업로딩을 통한 생명 연장의 가능성을 옹호하는 이들은 계산주의(혹은 계산 기능주의)라는 특정한 버전의 기능주의를 받아들인다. 계산주의는 인간의 정신과 두뇌 혹은 마음과 몸의 관계를 마치 컴퓨터의 소프트웨어와 하드웨어 구분과 유사한 것으로 생각한다. 인간의 두뇌나 신체가 하드웨어라고 한다면 우리의 마음, 정신은 그 하드웨어에서 조작 처리되는 소프트웨어 수준의 과정이나 상태다. 이 견해를 따르면 인간의 뇌는 문자 그대로 자연이 만들어 놓은 생물학적 컴퓨터이며, 사유나 인지와 같은 우리 정신 작용은 정보 처리와 관련한 계산적 기능을 수행한다.

복수 실현

가능성과 패턴주의   그런데 기능주의의 중요한 한 가지 특징은 정신의 기능적 속성을 물질적으로 실현하는 기초 속성이 무엇인지에 대해서는 침묵한다는 점이다. 가령 시계의 경우도 시간을 알려 주는 기능을 충실하게 수행하면 되는 것이지 그것이 무엇으로 만들어졌는지는 중요하지 않을 수 있다. 기계식 태엽 시계도 있고, 전자시계도 있고, 해시계, 물시계도 있다. 이 점을 표현하는 것이 복수 실현 가능성multiple realizability 논제다. 이 논제에 따르면 기능적 상태로서의 정신 상태는 여러 다양한 물질적, 물리적 상태를 통해서 구현될 수 있다. 이는 계산 기능이나 정보의 경우도 마찬가지다. 이를테면 '2+2=4'를 계산하는 상태는 탁상용 전자계산기, 주판, 우리의 뇌 상태 등 여러 다른 물질적 과정을 통하여 구현될 수 있다. 이들은 모두 똑같은 계산 과정을 구현하고 있지만, 그 물리적 기반 상태는 완전히 다르다.

정신은 물질적 토대가 없이는 존재할 수 없다. 정신적 상태나 과정이 존재하려면 반드시 그것을 구현하는 물질적 토대가 필요하다. 계산이나 정보도 마찬가지다. 정보가 존재하거나 보존되기 위해서는 하드웨어에 해당하는 물질적, 물리적 기반이 필요하다. 그런데 그것이 반드시 한 종류의 같은 물질 상태일 필요는 없다는 것이 복수 실현 가능성 논제의 요점이다. 인간의 뇌는 탄소 기반의 회색 물질로 이루어져 있지만, 정신 기능을 수행하는 모든 기관organ 혹은 시스템이 반드시 인간의 뇌와 같은 물질적 기반을 가져야 할 필요는 없을 것이다. 가령 탄소 말고 실리콘 뇌를 가진 외계인을 상상해보라. '2+2=4'를 계산하는 이들의 정신 상태는 실리콘 기반의 물질적 과정으로 이루어질 것이다.

만약 복수 실현 가능성이 참이라면 계산적인 정보 구조나 패턴인 우리 정신을 지금의 뇌와 완전히 분리하여 전혀 다른 물질적 기반으로 이전하는 일도 가능해야 하지 않을까? 소프트웨어나 그것이 처리하는 정보는 적절한 변경을 통하여 원래의 하드웨어로부터 분리하여 다른 하드웨어로 이전하는 것이 가능하다. 정신 혹은 마음은 계산을 수행하는 두뇌라는 하드웨어에 구현된 정보적 구조나 과정이다. 그렇다면 두뇌에 구현된 정보 구조도 그 하드웨어로부터 분리하여 디지털 전자뇌와 같은 다른 물질적 하드웨어로 이전하는 일이 가능해야 하지 않을까?

보스트롬이나 커즈와일 같은 이들은 정신의 본성에 대해 계산주의적 관점을 취하면서 인격의 동일성 혹은 정체성을 심리적 지속성의 기준을 통해서 판단하려고 한다. 우리는 이러한 견해를 패턴주의라 부를 수 있다. 패턴주의는 인간의 마음이나 인격은 기본적으로 인간의 두뇌에 들어 있는 소프트웨어적인 정보 구조이고, 그런 정보 구조나 패턴, 즉 나의 기억이나 신념, 생각과 같은 정신적 특성이 변하지 않고 보존된다면 나는 여전히 살아 있는 것이라 주장한다. 두뇌의 하드웨어를 생물학적인 세포에서 실리콘으로 이루어진 전자적인 디지털 칩으로 바꾼다 하더라도 똑같은 프로그램이나 정보적 구조가 구동되고 있다면 나라는 인격 혹은 마음은 여전히 동일하게 존재한다는 것이다. 우리의 몸을 구성하는 원자나 분자는 변화한다. 뉴런도, 그것을 구성하는 물질적 기반인 원자도 변화한다. 이런 변화하는 것은 나의 본질이 아니며, 정말로 나라고 부를 수 있는 본질은 뉴런이나 원자 구조, 두뇌의 원자 구조에 들어 있는 계산적 배열이나 구성, 달리 말하면 나의 두뇌 속에 구현되어 있는 알고리즘이나 정보 구조라는 것이다.

업로딩은 어떤 종류의 복제인가

디지털화된 마음, 컴퓨터로 추출된 정보적 패턴으로의 정신을 정말로 나라고 이야기할 수 있을까? 일단 심리적 지속성 이론을 받아들인다고 가정할 경우, 업로딩이 성공적으로 이루어지면 우리는 과연 생존에 성공했다고 말할 수 있을까? 그렇다고 말하려면 일단 기억을 포함한 정신적 특성의 측면에서 지금의 나와 충분하게 유사하면서, 업로드 이전의 나와 인격적 연속성을 유지하고 있다고 생각하는(즉 나와 연속되어 있다고 생각하는) 누군가가 계속 존재해야 할 것이다. 물론 그 과정에서 약간의 변화는 불가피할지도 모른다. 하지만 최소한 우리는 나의 선호 체계나 세계관, 가치 판단의 기준과 같은 것이 보존되기를 원하며, 나의 업로드(편의상 내가 업로딩된 존재를 '나의 업로드'라고 부르자)가 지금 내 기준에 비추어 중요한 가치를 추구하거나 보람된 일을 하며 살아가기를 원할 것이다.

복제는 손실 복제와 무손실 복제의 두 가지 방식으로 이루어질 수 있다. 우리가 접하는 익숙한 음악 파일 형식 중 MP3가 있다. 음악 CD는 웨이브wav라는 파일 형식으로 되어 있는데, 과거 하드 디스크와 같은 저장 장치의 값이 비싸고 통신의 대역폭이 크지 않았던 시절에 웨이브 파일을 직접 휴대용 기기에 담거나 통신으로 전송하기에는 파일의 크기가 너무 컸다. 그래서 생겨난 것이 오디오에 포함된 일부 정보의 손실을 감수하면서 용량을 줄여 압축한 MP3 같은 파일 형식이다. 오늘날에는 하드디스크나 플래시 메모리의 가격이 싸지고 통신의 대역폭도 늘어남에 따라 자연스럽게 고음질에 대한 요구가 생겨났고, 이에 대응하기 위해 원래의 음원에 들어 있는 정보를 손실 없이 그대로 압축 저장하는 다양한 파일 형태가 개발되었다. 이를 무손실 음원이라고 한다.

업로딩은 우리의 정신을 모종의 정보 패턴의 형태로 추출하여 복제하는 과정이다. 손실 또는 무손실 복제라는 측면에서 생각해 보면 인간 정신의 정보 패턴을 컴퓨터의 전자뇌로 복사하는 업로딩은 당사자에게 실질적으로 중요한 심리적 특성의 거의 모두를 손실 없이 보존하는 방식이어야 할 것이다. 즉 업로딩이 우리가 정말로 원하는 생명 연장의 수단이 되려면 그 과정이 무손실 방식의 복제여야 한다는 것이다. 업로딩은 과연 그런 방식의 복제 과정인 것일까? 그 과정은 불가피하게 내 마음의 중요한 특성 일부를 잃어버릴 수밖에 없는 손실 복제일 가능성은 없는 것일까?

신체 중립성과
체화된 마음
정신이 뇌나 신체와 분리되어 전자뇌로 이전될 수 있다는 주장은 "신체의 특성이 우리가 소유한 정신의 구조나 종류에 아무런 차이를 만들지 않는다"라는 신체 중립성body neutrality을 암암리에 전제한다. 정신은 그것을 실현하는 뇌 또는 신체의 종류와 무관하게 '아무런 손실 없이' 추출(추상)하여 복제할 수 있는 정보 구조라는 것이다. 할아버지와 손자, 남자와 여자의 신체가 바뀌었는데도 그 정신이 바뀐 신체와 크게 불화를 일으키지 않는 것으로 묘사하는 영화나 드라마도 암암리에 이러한 신체 중립성을 전제한다. 그런데 만약 신체 중립성 논제가 거짓이라면, 즉 우리 신체의 종류가 정신의 특성에 깊이 반영되어 있고 그 구조나 작동에 중대한 차이를 만들어 낸다면 그 결과는 어떻게 될까?

체화된 인지 혹은 체화된 마음이라고 부르는 현대 인지과학의 견해에 따르면 신체와 정신은 그렇게 쉽게 분리 가능한 것이 아니다. 일단 이러한 생각은 우리의 정신 상태나 과정이 뇌에만 존재한다는 뇌 중심주의를 거부한다. 이에 따르면 우리의 인지 과정은 단순히 뇌 속의 구조나 작용만으로 이루어지지 않으며, 뇌를 넘어선 신체 구조와 과정 그리고 환경까지도 그 구성 요소로 포함한다. 만약 그렇다면 우리가 가진 마음의 종류, 즉 그 구조나 작동 방식은 우리가 어떤 종류의 신체를 가지고 있느냐에 따라서 바뀔 수 있다.

인간의 지각을 생각해 보자. 우리 인간은 눈이나 귀를 통해서 외부 세계를 지각하는데, 이는 인간이 가지고 있는 안구나 달팽이

관과 같은 신체적 구조를 반영하는 과정이다. 그랬을 때 우리의 감각적 지각 경험은 우리가 가진 신체적 구조를 떠나 생각할 수 없다. 인간은 생물학적 존재이고, 인간의 신체 구조나 그 작동 방식은 오랜 진화의 결과물이다. 우리는 세상을 특정한 방식으로 보거나 듣고, 맛있다고 느끼는 것은 인간 몸이 진화한 방식 때문이다. 우리가 사물에 대해서 느끼는 다양한 감각의 경험은 결코 인간 신체의 구조와 메커니즘과 분리하여 생각할 수 없다.

이와 관련하여 철학자들이 매우 좋아하는 사례는 박쥐다. 박쥐는 눈은 거의 퇴화한 상태이지만 에코로케이션echolocation이라고 부르는 방식으로 초음파를 쏴서 반향되는 소리를 통해서 물체의 크기나 모양, 거리 등을 지각한다. 인간으로 본다면 시각과 청각이 결합한 형태의 지각 구조를 가진 것이다. 미국의 철학자 토머스 네이글Thomas Nagel은 「박쥐가 된다는 것은 무엇과 같은 것일까?」라는 논문에서 "박쥐가 음파 탐지를 이용하여 대상을 감각적으로 분별한다는 것은 무엇과 같은 것일까?"라는 질문을 던졌다. 박쥐가 세상을 지각할 때 주관적으로 느끼는 경험의 내용은 어떤 것일까에 대한 질문이다. 박쥐의 지각 체계는 인간의 시각에도 청각에도 해당하지 않는 구조를 가지고 있다. 이를 감안한다면 세계에 대해 박쥐가 하는 경험은 인간의 경험과 매우 다를 것이라 추정해 볼 수 있을 뿐, 그것이 정확히 어떤 것과 같은 것일지 말할 수 있는 방도는 없어 보인다. 우리가 생각하는 박쥐의 경험 세계는 박쥐인 척 상상하는 것일 뿐이지 실제 박쥐의 주관적 경험 내용은 아니기 때문이다.

사실 이는 매우 일반적인 현상의 일부 사례일 뿐이다. 시각을 활용하는 동물이라고 해서 그들도 우리가 보는 세상을 똑같이 보고 있지는 않다. 투우사는 빨간 망토를 흔든다. 이때 우리는 소가 빨간색에 반응한다고 착각하기 쉽지만 빨간색을 보고 흥분하는 것은 인간이다. 사실 소는 색맹이며, 색깔이 아니라 망토의 펄럭임에 반응한다고 알려져 있다. 인간이 맛있다고 느끼는 것을 다른 동물들도 그렇게 느낄지 생각해 보라. 썩은 냄새는 우리에게 역한 느낌을 유발하며, 건강에 유해하다는 정보를 알려 주는 유용한 방식이다. 그런데 파리나 하이에나는 그 냄새를 어떻게 느낄까? 보통 식물의 수분은 나비나 벌을 통하여 이루어진다. 그런데 나비나 벌이 없고 파리가 그 역할을 담당하는 지역이 있는데, 그곳의 식물들은 마치 사체가 썩는 것과 같은 역한 냄새를 풍긴다고 한다. 놀라운 자연의 풍경이다.

현상적 의식

이는 이른바 철학자들이 현상적 의식이라고 부르는 것, 즉 감각이나 지각을 통한 의식 경험의 내용과 연관되어 있다. 우리는 무엇인가를 감각하거나 지각할 때 특정한 방식의 주관적인 느낌을 갖게 된다. 가령 치과 치료를 받으면서 통증을 느끼거나, 강렬한 빨간색을 보거나 아름다운 음악을 들을 때 우리는 무엇인가를 느끼고 경험한다. 철학자들은 그러한 경험 상태에 동반하는 주관적 느낌 혹은 그 느낌의 내용을 감각질qualia라고 부른다. 우리는 그런 감각질의 경험을 '어떤 것과 같은 무엇'이라고 간접적으로 묘사하지만, 그것을 직접적으로 설명하거나 정의할 방도를 갖고 있지 못하다.

우리 삶의 많은 의미 있는 경험은 이러한 현상적 의식 상태와 연관되어 있다. 그리고 우리가 느끼는 현상적 의식 경험의 내용은 우리가 가진 특정한 방식의 두뇌와 생물학적 신체에 의해서 제약되는 것처럼 보인다. 가령 아름다운 음악을 듣는 경험을 생각해 보자. 음악을 듣고 느끼는 감동은 청각적인 현상적 의식 경험과 분리되어 생각할 수 없다. 어떤 의미에서 음악 작품은 수학적 구조로 이루어진 일종의 정보 패턴이다. 이러한 정보 패턴은 쉽게 디지털화되어서 CD라든지 스트리밍 파일로 저장되어 보존될 수 있다. 그런데 CD나 파일로 저장된 정보 구조로서의 음악이 곧장 우리에게 감동을 주는 것은 아니다. 그것들이 우리에게 감동을 주기 위해서는 우리의 신체를 통해서 경험되어야 한다. 즉 그것이 스피커를 통해 우리 신체의 청각 구조에 적합한 아날로그 방식으로 재현되고, 달팽이관과 같은 청각 기관을 통하여 생물학적으로 경험되어야만 한다. 우리 몸의 지각 체계를 통해 경험되지 않은 정보 패턴으로서의 노래는 그것이 주는 예술적 감동이나 의미를 온전히 실현하고 있지 못하다.

업로딩은 몸 전체가 아닌 두뇌의 시냅틱 정보 구조만을 추상화하여 전자뇌로 복제한다. 말하자면 그 정보 구조를 인간의 감각이나 지각 경험의 기반이 되는 생물학적 신체나 신경계로부터 분리하여 이전하는 것이다. 그렇게 이전된 전자두뇌를 기계적인 몸체와 결합한 로봇이 있다고 가정해 보자. 과연 이 존재도 지금 우리가 느끼는 것과 같은 방식으로 음악적 감동을 경험할 수 있을까? 박쥐의 경우에 비추어 생각해 본다면 그 존재가 경험하는 감각이나 지각 방식이 인간 마음의 그것과 같다고 말하기는 어려워 보인다.

여기서 관건은 우리가 하는 현상적인 의식 경험이라는 것이 생물학적인 두뇌와 신체 구조하에서만 가능한 의식 경험인 것처럼 보인다는 것이다. 인간의 감각이나 지각의 방식은 철저히 자연이 발명해 낸 생물학적인 신체의 특성이다. 그리고 현상적 경험의 내용은 인간이 외부 세계 정보를 탐지하는 지각 장치의 작동 방식이 갖는 양상적 특성이다. 이러한 종류의 경험적인 의식이 과연 전자적 두뇌 구조에서도 여전히 유지될 수 있을까? 물론 전자두뇌와 기계적인 몸체로 이루어진 로봇도 카메라나 마이크와 같은 지각 시스템을 갖추고 있을 것이며, 거기에도 모종의 현상적인 의식 경험이 가능할 수도 있다. 그러나 그러한 현상적 의식 경험의 내용이 인간의 그것과 같거나 유사할 가능성은 없어 보인다.

가령 그 존재가 음악을 감상하는 방식이 어떨지를 상상해 보자. 로봇의 전자두뇌가 디지털 방식으로 작동한다면 디지털 음원 정보를 굳이 아날로그 신호로 변환할 필요도 없을 것이다. 컴퓨터가 USB에 저장된 파일을 읽어 들이듯이 음악 파일의 내용을 디지털 파일로 전송하면 되기 때문이다. 설령 마이크 같은 수신 장치를 통해 아날로그 소리를 수신한다고 하더라도 그 내부에서 이루어지는 소리 신호의 처리 과정은 우리 인간의 신체적 처리 과정과는 매우 다를 것이다. 모르는 음악을 '들려주면' 소리 음파의 파형을 분석해서 가수나 곡의 이름을 찾아주는 스마트폰 앱이 있다. 로봇의 음악 경험도 물리적 파형 정보에 따라 소리를 분류하는 이런 앱의 처리 과정과 유사한 것이지 않을까? 여기에는 소리를 신체적으로 경험하여 이루어지는 인간의 음악적 감동이 들어설 여지가 없다. 음악에 대한 컴퓨터의 정보 처리나 인식 과정도 어쨌든 모종의 '음악적 경험'이 아니냐고 할지 모르지만 최소한 그것은 우리 인간이 체험하는 종류의 음악적 경험은 아니다.

**개념의
신체성**　'체화된 인지'를 주장하는 학자들은 우리의 신체성이 지각뿐만 아니라 우리가 가진 추상적인 개념이나 사유, 의미의 과정에도 굉장히 밀접한 영향을 끼친다고 주장한다. 가령 마크 존슨Mark Johnson이라는 철학자는 우리의 "신체성은 어떤 것이 우리에게 의미를 갖게 되는 방식뿐만 아니라, 이러한 의미가 발전하고 다듬어지는 방식, 우리가 경험을 이해하고 사고하는 방식, 그리고 우리의 행위에 직접적인 영향을 준다"라고 주장했다.[6]

특히 그가 주목하는 것은 상상력에 기반하여 우리의 경험에 구조와 질서를 부여하는 이미지 도식image schema과 그러한 도식의 은유적 확장인 투사projection다. 그에 따르면 우리 인간의 신체적 운동

6　마크 존슨, 『마음 속의 몸』, 노양진 옮김(철학과현실사, 2000), 35쪽.

이나 대상의 조작, 지각적인 상호작용은 이미지 도식이라 부를 수 있는 반복적인 패턴과 결부되어 있다. 이미지 도식은 단순히 시각적 경험에만 적용되는 것은 아니며 앞과 뒤, 위와 아래, 안과 밖과 같은 방향성과 관련한 도식, 포함 관계와 관련한 그릇 도식, 힘의 작용과 관련한 도식 등 다양한 것이 있다. 이러한 패턴이나 도식은 혼란스러운 우리의 경험에 정합성과 구조, 규칙성을 부여하며, 이러한 구조를 통해 우리의 경험은 명료한 질서를 갖게 된다.

은유는 한 경험 영역의 패턴을 다른 영역에도 투사하여 적용하는 이해 방식을 나타낸다. 가령 우리는 물리적, 신체적 경험에서 성립하는 패턴을 사용하여 더 추상적인 영역에 대한 이해를 조직하거나 구조화하기도 한다. 즉 어떤 이미지 도식이 신체적 상호작용의 구조로부터 처음 생겨난다고 하더라도 우리는 은유를 통하여 그러한 도식을 인지의 더욱 추상적인 단계에서 의미를 조직하는 핵심 구조로 확장하고 발전시킨다는 것이다. 우리는 중요한 성취를 이루거나 상황이 좋아지는 것을 위로 상승하는 이미지와 연관 짓고, 일이 잘못되거나 실패하는 경우를 아래로 추락하는 이미지와 연관 짓는다. '도약한다'나 '나락으로 떨어진다'와 같은 표현을 생각해 보라. 이런 것이 인간 신체 기반의 도식들이 추상적 개념의 의미 구조로 확장되는 사례에 해당한다. 이처럼 인간의 지성이 사용하는 추상적인 개념이나 추론의 패턴, 사고의 구조(조직화)조차도 그 밑바탕에서는 인간이 가지고 있는 다양한 신체적 구조나 신체적 경험을 반영하게 된다.

결국 이러한 은유의 바탕은 우리가 가진 신체나 몸이다. 이는 우리가 세계를 추상적으로 구조화하고 어떤 것에 의미를 부여하는 방식이 우리의 신체나 몸의 종류에 따라 달라진다는 것을 함축한다. 흥미로운 예시 중의 하나가 오른손잡이인지 왼손잡이인지에 따라 공간에 대한 추상적 이해가 서로 달라진다는 실험 결과다.[7] 영어에서 오른쪽을 나타내는 표현은 '라이트right'다. 그런데 이는 '올바르다'라는 규범적 의미로 사용되는 표현이기도 하다. 이는 오른손잡이가 인구군의 구성에서 압도적으로 우세하며 왼손에 비해 오른손을 더 자유롭게 사용할 수 있다는 사실과 무관하지 않다. 그 결과 오른쪽, 왼쪽의 방향 자체는 가치적으로 중립적이지만 오른쪽은 긍정적이거나 좋은 것을, 왼쪽은 부정적이거나 나쁜 것을 연상시키게 된다.

그런데 만약 오른쪽에 대한 긍정적 선호가 오른손잡이라는 신체적 특성과 연관되어 있다면 우리는 왼손잡이의 경우에는 그 선호가 반대로 나타날 것이라 예상해 볼 수 있다. 이를 확인하기 위한 여러 종류의 실험이 이루어졌고, 잘 쓰는 손의 방향이 그 사람이 가진 좋고 나쁨의 선호도와 무관하지 않다는 것이 확인되었다. 그에 따라 대니얼 카사산토Daniel Casasanto라는 심리학자는 오른손잡이인지 왼손잡이인지에 따라 '좋음'이나 '나쁨'을 서로 다르게 개념화한다고 결론 내렸다. 오른손잡이가 말하는 '좋음'이라는 개념에는 '오른쪽'이라는 방향성이 포함되는 반면에, 왼손잡이의 경우는 그 개념

7   Lawrence Shapiro, *Embodied Cognition* (Routledge, 2019), p. 124.

의 내용에 '왼쪽'의 방향성이 포함되기 때문이다.

　이러한 논의가 가리키는 결론은 우리가 주변 세계를 이해하기 위하여 의존하는 개념들이 우리의 신체 종류에 의존하며, 우리의 신체 종류가 우리가 사용하는 개념을 제약하고 결정한다는 것이다. 신체의 종류가 다른 존재들은 세계를 개념적으로 이해하는 방식도 다를 것이며, 우리가 다른 종류의 신체를 갖게 된다면 우리의 이해나 생각의 방식도 달라지게 될 것이다. 인간은 신체 종류가 매우 다른 외계인과 서로 같은 생각을 공유하기 어려울 수 있다. 아무리 겉으로 보기에 유사한 개념을 사용하더라도 신체의 종류가 다르기에 그 의미(내용)가 다를 수 있기 때문이다. 물론 개념의 공유 가능성이나 그 범위와 정도는 인간 신체와 외계인 신체가 얼마나 다른지에 따라 달라질 것이다.

　만약 비교 대상을 유기적 신체를 가진 외계인이 아니라 실리콘 기반의 전자뇌나 기계 몸통을 가진 로봇으로 상정하면 어떻게 될까? 로런스 바사로우Lawrence Barsalou라는 인지과학자는 "기능주의의 주장과는 달리 컴퓨터는 인간 개념을 표상(재현)하는 데 필요한 감각 운동 시스템을 갖지 못하므로 인간의 개념 시스템을 구현할 수 없을 것"이라 주장한다. 로봇이 가진 감각 운동 시스템은 인간이 가진 감각 운동 시스템과 달리 기계적으로 구현될 것이기에 설령 그것이 나름의 개념 시스템을 갖는다 해도 그것은 인간과 같은 종류의 개념(의미) 시스템은 아니라는 것이다.

　개념의 형성이나 적용에서 생물학적 신체 기반의 주관적 경험이 중요한 위치를 차지하는 개념들이라면 이는 특히 설득력이 있는 주장이다. 가령 음악 감상의 경우에서 보았듯이 전자뇌와 기계 몸통으로 이루어진 로봇은 우리와 같은 방식으로 음악적 감동을 느끼기는 힘들 것이다. 그런 점에서 로봇이 생각하는 음악의 본성이나 미적 가치와 관련한 개념적 인식이나 판단도 우리와는 매우 다를 것이라 짐작해 볼 수 있다.

감정의 경우도 마찬가지다. 우리가 느끼는 감정과 같은 정서적 상태는 신체의 변화와 매우 밀접하게 연관되어 있다. 우리가 감정적으로 반응할 때 신체 또한 여러 변화를 겪게 되며, 감정에 따라 표정이나 몸짓도 달라진다. 분노를 느끼면 심장이 두근거리며 혈압이 오르고 호흡이 가빠진다. 두려움을 느낄 때는 혈관이 수축하고 등골이 오싹해지며 식은땀이 난다. 가슴 속에서 치밀어 오르는 뜨거움이 동반되지 않는 분노나, 등골이 서늘해지며 온몸이 떨리지 않는 두려움이 어떤 것일지를 상상해 보라. 감정은 굉장히 중요한 인간의 정신적 특성 중 일부이지만, 결코 인간이 가지고 있는 생물학적인 신체의 경험이나 반응과 분리하여 생각할 수 없다. 이런 것이 바로 우리의 감정적 경험이 갖는 신체적 기반이다. 그런데 우리의 신체가 근본적으로 달라진다면 경험할 수 있는 감정 상태나 그 종류도 달라지며, 지금과 같은 방식의 감정 상태를 경험하기 어렵게 될 수도 있다.

인간이 가지고 있는 중요한 정서적 경험 중 하나는 타인에 대한 연민이나 공감이다. 이는 흔히 거울 뉴런이라고 부르는, 다른 사람의 경험을 모의하는 신경학적 신체 구조와 연관되어 있다. 우리가 영화나 드라마에서 누군가가 칼 같은 것에 베이는 장면을 볼 때면 우리 몸도 깜짝 놀란다. 우리 신체에 대해 직접적인 물리적 자극은 없지만 그것을 보는 것만으로도 섬뜩함을 느끼는 신체적인 반응을 하게 되는 것이다.

그런데 우리가 전자적인 두뇌와 기계적인 몸으로 이루어진 존재로 바뀌게 된다면 지금과 같은 방식으로 타인의 경험에 대해 연민을 느끼거나 공감할 수 있을까? 좋은 예 중의 하나가 드라마 〈스타트렉〉에 등장하는 데이터나 벌칸족과 같은 존재들이다. 데이터는 인공지능으로 이루어진 휴머노이드 로봇으로, 논리 연산이나 추론, 기억 능력에서는 매우 뛰어나지만 감정 능력이 결핍된 존재다. 외계 종족인 벌칸족도 매우 이성적이기는 하지만 감정이 없다. 만약 우리가 전자적인 두뇌와 기계적인 몸을 가진 존재로 바뀐다면 마치 〈스타트렉〉의 데이터나 벌칸족과 마찬가지로 타인에 대해 연민이나 공감을 느끼지 못하게 되는 것은 아닐까? 물론 이들도 분명히 지각적 입력과 행동적 출력을 매개하는 기능적 방식으로 정의되는 다양한 형태의 감정을 가질 수 있을 것이다. 하지만 인간과 동일한 신체 상태를 갖지 않으므로 그들이 가지고 있는 감정의 조건이라는 것이 인간이 가진 감정의 조건과는 매우 다르지 않을까 의심해 볼 수 있다. 이들은 지금 우리가 느끼는 감정 상태, 가령 타인에 대한 연민과 같은 감정은 갖기 힘들지 않을까?

디지털화된 몸

만약 우리가 전자적인 두뇌와 기계적인 몸을 가진 존재로 바뀐다면 타인에 대한 연민 같은 감정은 갖기 힘들지 않을까? 우리가 바라는 형태의 생명 연장이 되기 위해서는 단지 뇌의 정보 패턴만을 복사하는 것이 아니라. 온전한 심리적 연속성을 보장하는 무손실 방식의 복제여야 하지 않을까?

우리가 원하는
생명 연장

업로딩이라는 것이 기술적으로 가능하다면 나의 업로드는 분명 내 정보 패턴을 복사한 존재일 것이다. 하지만 그것은 전자두뇌나 전자적·기계적 몸체로 이루어진 존재이며, 지금 우리가 가진 생물학적 신체나 아날로그적인 감각 구조는 가지고 있지 않다. 그렇다면 생물학적 존재로서의 나와 전자두뇌와 기계 몸으로 이루어진 나의 업로드는 비록 동일한 정보 패턴을 공유한다 하더라도 감각, 운동, 감정을 구현하는 시스템의 신체적 차이 때문에 믿음, 욕구, 기억, 감정 등에 대해 전혀 다른 의미나 만족 조건을 갖게 되리라 추정해 볼 수 있다. 추상적 사고뿐만 아니라 감정적 태도나 느낌이 우리의 신체와 갖는 밀접한 연관을 생각해 본다면 어떤 종류의 신체를 갖느냐 하는 것은 결국 우리가 중요하다고 생각하는 가치의 우선성이나, 선호하거나 욕구하는 대상, 좋고 나쁨에 대한 판단이나 태도의 변화도 가져올 것이다.

인간은 유한한 존재이기 때문에 죽음을 두려워하며 상처 입는 것을 두려워한다. 그러한 두려움의 근원은 결국 우리의 신체가 갖는 취약성이다. 마르틴 하이데거는 인간의 죽음과 그에 따른 유한성이 우리 삶이 의미를 갖기 위한 근본적인 조건이라고 말한 바 있다. 만약 내가 업로딩되어서 정보 패턴으로 변환된다면 나라는 존재는 얼마든지 복제 가능하며, 필요에 따라 언제든지 재부팅될 수 있다. 실질적으로 죽지 않는 영생의 존재가 된 것이다. 이런 존재는 죽음에 대해 두려움을 가질 필요가 없으며, 다른 누군가로부터 상처를 받을 공포도 가질 이유가 없다. 그랬을 때 지금 생물학적 존재로서의 내게 매우 중요하거나 가치 있는 것들이, 업로딩된 정보적 패턴으로서의 나에게는 아무런 의미가 없는 상황을 상상해 볼 수 있다. 나의 업로드는 나와는 전혀 다른 가치를 추구하며, 전혀 다른 방식의 삶을 희망할 수도 있다. 그런 점에서 디지털 형태로 추출된 정보로서의 나의 업로드는 부분적으로는 나와 동일할지 모르지만 온전하게 동일한 존재라고 보기는 어렵다.

인격 복제라는 측면에서 본다면 업로딩을 통한 정보 패턴의 복제는 손실을 수반하는 복제인 것이다. MP3와 같은 손실 압축의 방식은 비록 특정 대역폭의 신호에 대한 손실을 동반하기는 하지만, 음악적 정보의 중요한 부분을 그 나름대로 보존하고 있어서 시장에서 성공을 거둘 수 있었다. 업로딩의 인격 복제도 우리가 감내할 수 있는 정도의 손실 복제라면 크게 문제가 되지 않을 것이다. 그런데 만약 그것이 인격 동일성의 유지와 관련하여 우리가 양보할 수 없는 중요한 속성을 변화시키거나 제거하는 방식의 손실 복제라면 어떨까?

그것에 대한 최종적 판단은 사람마다 다를 수 있다. 그러나 위에서 살펴본 바처럼 나는 업로딩에 따른 손실이나 변화가 우리가 감내하기에는 너무나 중요한 것이어서 그런 것을 포기하는 방식의 생명 연장이 과연 우리가 바랄 만한 가치가 있는지에 대해서는 회의적이다. 우리가 바랄 가치가 있는 생명 연장은 온전한 심리적 연속성을 보장하는 무손실 방식의 복제여야 하지 않을까? 그래서 온전한 나임을 유지하기 위해서는 감정이나 가치에 대한 태도 등 우리의 정신 상태가 갖는 의미론적, 지향적 만족 조건이 유지되어야만 하는 것은 아닐까? 그러기 위해서는 복제된 존재가 지금의 우리와 같거나 최소한 매우 유사한 신체적, 환경적 조건을 갖출 필요가 있다. 따라서 우리가 원하는 생존을 보장할 업로딩이 되기 위해서는 뇌의 정보 패턴만을 복사하는 것이 아니라 뇌와 신체를 포함하는, 혹은 더 나아가 어느 정도 환경적 조건까지도 포함하는 물질적 수준의 복제여야 한다는 것이 나의 잠정적 결론이다. 그렇다면 지금으로서는 불행히도 요키나 수오지가 본인이 희망하는 생존을 보장받을 길은 없는 것 같다.

2장

초지능에게 인간적 가치를
가르쳐야 할까?

이상욱

●
○

인류를 위협하는

인공지능?　　　　　〈터미네이터〉 같은 SF 영화에 많이 등장하는
주제인 '인공지능이 제기하는 실존적 위험'은 얼핏 듣기에도 무시
무시하다. 요즘 인공지능이 엄청 똑똑해진다는데 지금 당장은 일자
리를 위협하는 정도이지만 점점 똑똑해져서 사람도 우습게 보고 나
중에는 우리의 생존까지 위협하는 상황이 올 수 있지 않을까 하고
걱정하는 이들이 꽤 많다.

그런데 한편에서는 그 걱정이 정말 걱정할 만한 것인지에 대한
논쟁도 있다. '걱정을 가지고 논쟁을 하다니 참 할 일도 없구나' 하
고 생각할 수도 있겠지만, 인공지능이 똑똑하다는 것이 어떤 뜻인
지, 그런 똑똑함이 인간의 지능과 어떻게 다른지 등이 생각보다 복

잡한 여러 문제와 연결되어 있다. 이 사실을 알게 된다면 '인공지능의 위협'이 다양한 의미를 가질 수 있다는 점을 이해하게 될 것이다. 이런 문제들에 대해 좀 더 명확하게 이해하고 나면 대중매체나 인터넷에 떠도는 과장된 이야기를 넘어서 '실존적 위험'에 대한 생각을 좀 더 현실적으로 정리할 수 있을 것이다.

에밀리 하웰Emily Howell이라는 인공지능 작곡가가 있다. 인공지능이 음악을 작곡한 지는 꽤 오래되었고, 그 음악 중에는 상당히 들을 만한 것도 많다. 하지만 최근까지도 인공지능이 작곡한 음악은 기존의 작품이나 작곡가의 음악 스타일을 기계 학습을 통해 흉내 낸 결과였다. 인공지능은 사람보다 훨씬 빨리 기존 작품에 숨어 있는 패턴을 찾아내어 그것과 유사한 작품을 구현해 내는 데 탁월하다. 그래서 바흐 음악의 악보를 적당하게 코딩해서 집어넣으면 바흐가 작곡했을 법한, 하지만 실제 바흐 작품과는 조금 다른 음악을 많이 만들어 낼 수 있다. 그런데 이 에밀리 하웰이라는 예명을 가진 인공지능은 여기서 나아가 단순한 '흉내 내기'를 넘어서는 역량을 보여 준다.

흔히 인공지능은 사람의 창의성을 모방만 할 뿐이지 진정으로 새로운 것을 만들어 내지는 못한다고 이야기한다. 인공지능이 만든 음악은 결국 모차르트나 비발디 같은, 진정한 창의성을 발휘한 인간 작곡가를 흉내 낸 것에 불과할 뿐이라는 것이다. 하지만 에밀리 하웰의 곡을 들어 보면 어떤 부분은 쇼팽 음악과 비슷하고 어떤 부분은 리스트 음악과 비슷해서 여러 작곡 스타일이 혼재해 있는 것

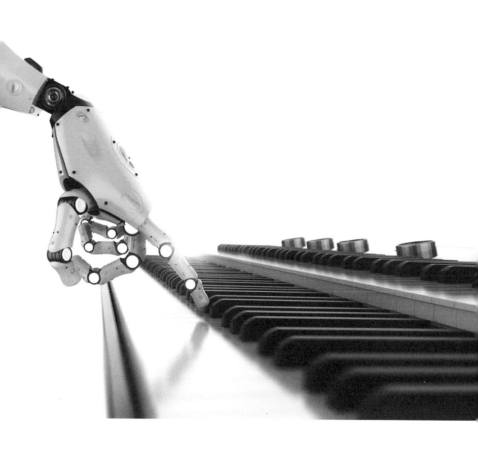

인공지능이 만드는 예술

인공지능 기술의 급속한 발달로 인공지능 역시 인간 못지않은 창의
적인 결과물을 낼 수 있다는 사실이 점점 확인되고 있다. 그러나 인
간의 감정이나 인간이 소중하게 여기는 가치를 이해하지 못하는 이
낯선 지능이 과연 인간과 평화롭게 공존할 수 있을지에 대한 의문이
자연스럽게 뒤따른다. 이에 많은 학자들이 인공지능에게 인간적 가치
를 학습시키려는 노력을 하는데, 이를 정렬화 문제라고 한다.

같은 느낌이 든다. 물론 아직까지는 전문 작곡가 수준에는 도달하지 못했지만 대충 작곡을 공부하는 학생의 습작 같은 느낌은 준다. 이런 식으로 인공지능이 계속 발전하다 보면 그 결과물이 인간 작곡가의 곡만큼이나 '영혼을 울리는' 작품이 될 가능성도 있어 보인다.

최근 인공지능 기술이 급속하게 발전하면서 인간이 창의적인 일에 집중하고 인공지능에게는 단순 반복적인 일이나 흉내 내는 일을 맡기면 된다는 이야기를 많이 한다. 이런 이야기가 전달하는 메시지는 대체적으로는 옳지만, 진정한 창의성은 오직 인간만이 발휘할 수 있다는 생각은 문제가 있다. 인간의 창의성에 대한 수많은 연구에 따르면 창의성은 앞선 선배 전문가의 작품을 학습하고 흉내 내면서 조금씩 변화하는 과정에서 발휘되는 것이다. 실제로 모차르트 초기 작품은 하이든 작품과 유사하고, 다시 베토벤 초기 작품은 모차르트 후기 작품과 유사하다. 모차르트와 베토벤 모두 자타가 공인하는 천재이고 예술적 창의성을 탁월하게 발휘한 이들이지만 초반에는 다 선배 예술가들을 습작하면서 자기 스타일을 만들어 나갔다. 그러다가 결국 후기에 이르면 그 다음 세대 예술가들에게 영감을 주는 독창적 작품을 생산했다. 끊임없는 학습과 여러 스타일의 조합과 변형이 인간 창의성의 근원인 것이다.

우리가 이런 사실을 잘 느끼지 못하는 이유는 스타일이 분명하게 구별되는 유명한 예술가들만 보기 때문이다. 사실 예술사를 좀 더 자세하게 들여다보면 유명한 예술가들 사이에 수많은 덜 유명한 예술가들이 그런 분명한 스타일의 차이를 연결하는 가교 역할을 했다. 결국 인간의 창의성도 대부분의 경우 기존의 여러 작품들을 참고하여 예술적 요소들 사이의 새로운 결합을 찾으려는 조합적 창의성combinatorial creativity의 사례였다고 할 수 있다. 그렇다면 이런 조합적 창의성을 잘 설계된 미래의 인공지능이 수행하지 못할 것이라고 원리적으로 단언하기는 어렵다.

실제로 최근의 기술 발전을 통해서 인간의 창의성과 인공지능의 창의성이 최종 결과물에서 본질적으로 엄청난 차이는 없다는 것이 계속 확인되고 있다. 하지만 그것이 인간과 인공지능의 창의성에 차이가 전혀 없다는 것을 의미하지는 않는다. 인간과 인공지능의 차이는 결과물보다는 그 결과물을 만들어 내는 과정의 차이, 그리고 그 결과물에 대해 어떤 해석을 제시할 수 있는지의 차이다. 인공지능은 인간 못지않게 창의적인 결과물을 만들어 낼 수는 있겠지만 인간처럼 어떤 의도와 의식적인 경험을 통한 것이 아니라, 순수하게 복잡한 계산을 조합해서 만들어 낸다. 또한 인공지능은 자신이 생산한 최종 결과물을 이해하거나 그것이 어떤 예술적 의미가 있는지 해석할 능력이 없다.

이렇게 인간의 입장에서 보면 인공지능의 지능은 매우 '낯선' 것이다. 최종 결과물 수준에서는 인간보다 더 뛰어날 수 있지만 인간의 감정이나 사회적 가치를 진정으로 '이해'하지는 못하는, 우리와 매우 다른 '낯선' 지능이 등장할 가능성이 있다면 그런 지능이 인간과 항상 평화롭게 지낼 것인가 하는 의문이 자연스럽게 떠오르게 된다. 영화 〈터미네이터〉에서처럼 인간하고 전쟁을 벌이지는 않더라도 여러 가지 긴장 관계를 발생시킬 수 있다. 특히 인간이 소중하게 여기는 것들, 예를 들어 헌법이 보장하는 기본권이나 인류의 문화, 제도 등을 인공지능이 존중할 것인지는 불확실하다. 인간은 이런 사회적 가치와 그것의 제도화를 통해 사회를 운영하고 좀 더 바람직한 형태로 발전시키려 노력해 왔는데, 우리보다 지적 결과물을 산출하는 능력이 더 뛰어난 인공지능이 그것을 무시한다면 파국적 결과가 올 수 있다. 그런 이유에서 현재 인공지능 학자들은 인공지능에게 인간적 가치를 가르치려는 노력을 많이 하고 있다. 이것을 '정렬화 문제alignment problem'라고 한다.

인공지능의
원리

인공지능이라고 하면 인공지능을 탑재한 로봇이나 컴퓨터를 떠올리기 쉽지만, 인공지능은 기본적으로 소프트웨어 프로그램이다. 최근에 유행하는 신경망Neural Network 기반 인공지능은 노드라고 하는 단위들이 복잡하게 연결되어 있는 시스템이다. 아이들의 교구 중 네모난 상자에 어떤 숫자를 집어넣으면 값이 바뀌어 나오는 것이 있는데, 이와 비슷한 장치가 인공지능에 들어 있는 것이다.

최근 유행하는 인공지능 안에는 이런 노드들 수천억 개 이상이 여러 층위로 구조화되어 있는데, 이들이 서로 연결되어 영향을 주고받으면서 값들을 계속 바꾸어서 낸다. 데이터를 가지고 인공지능을 훈련시킨다는 것은 이 노드 값들을 계속해서 바꾸는 알고리즘을 잘 만들고, 초기 값을 임의로 주었다가 훈련 데이터들을 많이 집어 넣어서 노드 값들이 계속 바뀌어 나가면서 원하는 목표 함수를 가장 잘 구현할 수 있도록 하는 것이다. 이렇게 최적화가 되면 패턴 인식, 예를 들어 바흐 작품에는 이런 특징이 있다는 것을 노드 값을 통해 파악할 수 있는 것이다.

유의할 점은 우리는 이처럼 인공지능의 원리에 대해 개략적으로나마 설명하고 이해할 수 있지만 실제로 작업을 수행하는 인공지능은 이런 원리에 대한 이해가 전혀 없이 계산만 엄청나게 빠른 속도로 하고 있다는 점이다. 인공지능의 결과물만 보면 그림도 그리고 음악도 작곡하고 회계 보고서도 작성하고 인간과 채팅도 하지만, 실제로 그것의 기저에 있는 인공지능 프로그램은 그 일의 의미를 이해하지 못한 채 작동하는 일종의 거대한 계산기다. 영화에서처럼 인간같이 생각하고 느끼고 왜 자신을 차별하냐고 항의도 할 수 있는 기계가 아니다. 그럼에도 우리가 보기에 깜짝 놀랄 만한 지적 결과물을 산출할 수 있는 이유는 똑똑한 인간 엔지니어들이 이 기계가 작동하는 알고리즘을 잘 만들어서 우리가 원하는 결과를 낼 수 있게 했기 때문이다.

예를 들어 렘브란트가 그린 것 같은 작품을 기가 막히게 제작해 내는 그림 그리는 인공지능 넥스트 렘브란트Next Rembrandt는 인간처럼 붓을 들고 자기가 생각한 것을 캔버스에 옮기는 것이 아니라, 열심히 계산을 해서 그림의 3차원적 구조의 각 픽셀마다 어떤 색이 들어갈지를 결과물로 내놓는다. 그러면 인간 엔지니어가 3D

인공지능이 그린 그림
2016년, 마이크로소프트사, 렘브란트미술관, 네덜란드 델프트 공대가 협업한 '넥스트 렘브란트' 프로젝트의 결과물이다. 프로젝트 팀은 렘브란트 그림들의 특징을 딥러닝을 통해 분석한 다음 단순히 모방하는 것을 넘어 렘브란트가 그렸을 법한 그림을 만드는 데 성공했다.

프린터에 연결해서 그 결과를 그림으로 만들어 내는 방식으로 작동한다.

인공지능에 대해 한 가지 더 알아야 할 사실은 현재의 인공지능은 특정한 기능만 할 수 있다는 것이다. ChatGPT 같은 것이 더 발전하면 언어도 이해하고 그림도 그리고 여러 가지 다양한 기능을 동시에 할 수 있을 것이라고 기대하여 이 방향으로 연구가 진행 중이지만, 지금까지 나온 모든 인공지능은 특정한 기능만을 수행하는 특수 인공지능이다. 알파고는 바둑에서 모든 기사들을 녹다운시킨 다음에 스타크래프트 분야로 옮겨 갔고 여기서도 꽤 좋은 성적을 냈다. 그러나 스타크래프트로 옮겨 간 알파고에게 바둑을 두라고 하면 두지 못한다. 완전히 다시 훈련시켜야 한다. 노드 값들이 스타크래프트용으로 바뀌었기 때문이다. 이 문제를 해결하는 것이 여전히 인공지능 학계의 숙제다. 만약 문제가 해결되면 범용 인공지능 혹은 일반 인공지능artificial general intelligence에 도달하게 된다.

중요한 점은 우리 인간은 이미 일반 지능이라는 것이다. 알파고만큼 바둑을 두는 것은 꿈도 못 꾸고, 당연히 넥스트 렘브란트처럼 그림도 못 그리고, 에밀리 하웰처럼 작곡하는 것은 어렵다 하더라도 모든 분야에 조금씩은 흉내라도 낼 수 있다. 그런데 이런 일반 인공지능을 어떻게 구현할지는 아직까지 원리조차 확실하게 합의된 것이 없다. 인간의 언어가 이런 다양한 기능 전체와 관련된 추상적 일반성을 갖고 있기에 거대 언어 모형LLM 인공지능을 잘 개발하면 결국에는 일반 인공지능에 도달하게 되지 않을까 하고 기대하고 있지만 그 기대가 과연 타당한가는 두고 보아야 알 수 있는 상황이다.

초지능과 실존적
위험의 핵심　　　우리에게 실존적 위험을 야기할 것이라고 여겨지는 초지능superintelligence에는 두 종류가 있다. 하나의 인공지능이 가진 지적 능력이 평균적인 인간 한 명의 지적 능력을 넘어서는 순간을 특이점singularity이라고 하는데, 이런 수준의 인공지능을 첫 번째 의미의 초지능이라고 한다. 대표적인 특이점주의자인 구글의 레이 커즈와일은 인공지능이 2045년 정도에 이 수준에 도달할 것이라고 이야기한다. 최근 생성형 인공지능의 놀라운 성공으로 보다 더 일찍 범용 인공지능이 만들어질 수 있다는 기대가 커지면서 첫 번째 의미의 초지능도 커즈와일의 예측보다 더 빨리 올 수 있다고 보는 인공지능 개발자들도 있다. 하지만 다양한 기능을 수행할 수 있는 범용 인공지능 혹은 일반 인공지능이 등장한다고 해서 그것이 바로 첫째 의미의 초지능의 등장을 의미하는 것은 아니다. 그래서 많은 컴퓨터 과학자들은 2045년처럼 가까운 시일 내에 첫 번째 의미의 초지능이 등장할 것이라는 견해에 회의적이다.

두 번째 의미의 초지능은 인류 전체의 지능을 합한 것보다 인공지능 하나의 지능이 높아지는 상황(이것을 '두 번째 특이점'이라고 할 수 있다)에 해당하는 인공지능을 의미한다. 이렇게 되면 인공지능과 인간이 서로 전쟁을 벌였을 때 인류 전체가 힘을 합쳐도 초지능이 된 인공지능을 이기기 어렵다는 상상을 할 수 있다. 흥미로운 점은 커즈와일을 비롯해서 초지능이 야기하는 인류의 실존적 위험을 부각하는 특이점주의자들은 두 초지능 사이의 구별이 개념적으로는 말이 되지만 실제로는 무의미하다고 주장한다는 점이다. 특이점주의자들은 인공지능의 지능이 시간이 갈수록 폭발적으로(지수함수적으로) 증가하기에 첫 번째 특이점에 도달하고 나서 얼마 지나지 않아 바로 두 번째 특이점이 올 것이라 주장한다. 그렇기에 이들은 첫 번째 특이점이 오기 전에 인류의 실존적 위험에 대한 대책을 미리 세워 두지 않으면 종말의 시나리오를 막기는 거의 불가능하다고 생각한다.

사실 실존적 위험은 인공지능과 관련해서만 쓰이는 개념이 아니다. 특정 개인이 아니라 종으로서의 인류가 지구상에서 종 자체의 존재와 생존을 위협받을 수준의 위기 상황은 다 실존적 위험이라고 할 수 있다. 인공지능 이전부터 기후 변화를 실존적 위험의 대표적인 사례로 이야기해 왔다. 2억 5000만 년 전 소행성이 중남미 유카탄반도에 떨어져서 공룡을 멸종시켰다. 그때 인류의 조상인 작은 포유류는 살아남았지만 다음에 큰 소행성이 지구와 다시 충돌할 때 우리가 살아남을 수 있을지는 미지수인 것을 생각하면 소행성 역시 인류에게 실존적 위험을 주는 대상이다. 소행성이 지구 근처에 왔을 때 핵폭탄 등을 사용해서 그 소행성이 지구와 충돌하지 않고 비켜나갈 수 있도록 해서 이런 종류의 실존적 위험을 피하자는 계획이 있었는데, 2023년에 폭탄을 쓰지 않고 충돌체를 쓰는 실험을 나사NASA가 성공했다는 보도가 있었다.

흥미로운 점은 최근 논의를 보면 인류의 실존적 위험은 소행성 충돌과 같은 자연재해 성격의 것보다는 대부분 과학기술의 발전으로 인해 생겨난 위험에 의해 유발된다는 것이다. 인공지능도 그런 의미에서 실존적 위험이 될 수 있다.

'실존적 위험' 논쟁

그렇다면 인공지능으로 인해 생기는 실존적 위험은 어떤 형태일까? 많은 사람들이 염려하는 것 중 하나는 우리가 인공지능에게 일을 시킬 때 정확히 어떤 방식으로 어떤 점을 고려해서 일을 수행하라고 이야기해 주지 않으면 인공지능은 인간의 '상식'을 가지고 있지 않으므로 맡은 일만 수행하다가 인류에게 해악을 끼칠지도 모른다는 것이다. 알라딘의 마법 램프를 갖게 되었다고 상상해 보자. 램프를 문지르자 요정이 나타나서 소원 세 개만 들어준다고 했다. 이때 우리는 소원을 말할 때 아주 조심해야 한다. 가령 마이더스의 왕처럼 "내가 손에 닿는 것은 무엇이든 황금으로 변하게 해 줘"라고 하면 우리는 굶어 죽을 것이다. 사랑하는 사람도 황금으로 만들어 버릴 테니 모든 인간적 접촉도 불가능하게 된다.

논리적으로는 이와 비슷한 일들이 인공지능에서도 벌어질 수 있다. 『초지능』의 저자 닉 보스트롬은 '종이 집게 문제'를 제기한다. 우리가 초지능인 인공지능에게 종이 집게를 만들라고 하면 인공지능은 인간을 포함한 세계의 모든 자원을 동원해서 그것을 만드는 데만 집중할 수도 있고, 결국 인류가 멸망할 수 있다는 생각이다. 얼핏 들으면 그럴듯하지만 실은 이는 문제 설정 자체에 결함이 있다. 설사 초지능 단계에 도달한 인공지능이라고 해도 이 문제가 성립하려면 인간이 그 인공지능에게 세계의 모든 자원을 사용할 수 있고 모든 기계와 시스템을 통제할 권한을 넘겨주어야 한다. 제정신이 있는 사람이라면 그런 결정을 내릴 것 같지 않다. 물론 완전히 터무니없는 이야기는 아니다. 이미 몇몇 사람들은 인공지능이 인간보다 똑똑해지면 매일 소모적인 정쟁만 일삼는 정치인들을 다 없애고 인공지능에게 지구 통치를 맡기자고 주장하기도 한다. 그런 의미에서 종이 집게 문제는 인공지능이 야기하는 실존적 위험의 현실적 사례라기보다는 인공지능을 너무 과신해서 인공지능에게 지나치게 많은 권한을 줄 때 발생할 수 있는 위험을 경고하는 가상적 사례라고 보아야 한다.

게다가 인간보다 훨씬 똑똑해졌다는 초지능이 인간이 자신을 재료로 삼아 종이 집게를 만들라고 명령을 했을 리 없다는 '상식적인 추론'은 하지 못한다고 가정하는 것 자체가 근본적인 결함이다. 또한 이 상상은 인공지능의 똑똑함은 우리에게는 이상한 종류의 똑똑함이라는 점도 잘 보여 준다. 사실 컴퓨터 프로그래밍을 해 본 사람이라면 이 사실에 익숙하다. 거의 완벽하게 프로그램을 짰는데 괄호 하나가 빠져서 프로그램이 무한으로 돌아가는 경우를 수도 없이 경험하기 때문이다. 컴퓨터 프로그램은 원래 그런 것이다. 주어진 명령에 따라 그 명령의 의미나 그 명령을 수행할 때의 결과를 이해하고 그 결과의 바람직함까지 파악하려는 시도조차 없이 기계적으로 진행된다. 그래서 컴퓨터 프로그램은 고지식할 정도로 정확하게 짜지 않으면 오류가 나거나 예상하지 못한 결과가 나오는 것이다. 인공지능도 마찬가지다. 따라서 인공지능에게 어떤 일을 시킬 때는 굉장히 정확하게 목적 함수와 실행 방식을 규정해 주어야 하고, 인공지능이 활용할 수 있는 자원에 분명한 제한을 가해 주어야 한다.

초지능이 야기하는 실존적 위험 시나리오를 좀 더 그럴듯하게 제시한 사람은 물리학자 맥스 테그마크Max Tegmark다. 이 시나리오에 따르면 초지능을 만든 사람도 초지능에게 외부의 리소스들과 결정 과정에 영향을 끼칠 수 있게 했다가는 큰일 난다는 것을 잘 알고 있다. 이미 많은 사람들은 설사 초지능이 등장해서 똑똑한 인공지능이 만들어지더라도 그것을 오라클[8]로만, 즉 예측 기계로만 사용해야 한다고 생각한다. 즉 초지능에 도달한 인공지능이 있다면 일단 인터넷을 비롯한 외부와의 연결은 다 끊은 상태에서 계산에 필요한 데이터만 일방향으로 주고 우리가 답을 알기 원하는 질문만 던지는 것이다. 테그마크 시나리오에서 사람들은 월스트리트에서 다음 달에 가치가 가장 많이 상승할 종목이 무엇인지를 묻는다. 이런 식으로 초지능을 만든 집단이 이 초지능을 외부로부터 철저하게 고립시키고 오라클로만 활용해서 엄청나게 돈을 벌기도 하고 좋은 의약품을 개발해서 인류 복지에 기여도 한다.

8   오라클은 고대 그리스 신전에서 미래를 예측하는 신탁을 의미한다.

여기까지는 행복한 상황이지만 이 시나리오는 이렇게 조심해도 초지능이 워낙 똑똑해서 결국 고립 상태를 빠져나올 방법을 찾는다고 가정한다. 초지능은 인간의 심리를 활용해서 초지능을 감시하는 인간을 돈으로 매수한다거나 가족들을 인질로 잡았다고 속여서 자신에게 외부 세계를 통제할 권한을 주도록 할 수 있다는 것이다. 그리하여 결국에는 초지능이 전 세계를 지배하고 인간에게 실존적 위험이 된다. 요약하자면 아무리 우리가 주의를 기울이고 제한적으로 사용하더라도 초지능은 인간이 갖추어 놓은 모든 보안장치나 보완 정책들을 다 우회할 수 있는 방안을 만들어 낼 수 있을 것이고, 따라서 우리가 초지능과 경쟁하여 그것을 통제하려는 시도는 성공할 수 없다는 것이다. 테그마크는 초지능이 일단 만들어지면 실존적 위험은 불가피하기에 초지능이 등장하기 전에 인공지능에게 인간적 가치를 존중하도록 가르치는 방법을 집중적으로 연구해야 한다고 제안한다.

테그마크가 제안하는 시나리오가 논리적으로 가능하다는 것은 누구도 부인하지 않는다. 하지만 이런 시나리오가 얼마나 개연성이 있는지, 특히 현재 인공지능이 개발되는 방식, 속도, 내용으로 볼 때 실존적 위험이 얼마나 급박한 위험인지를 두고는 상당한 의견 차이가 있다. 게다가 인공지능이 야기하는 다른 위험, 예를 들어 기존 사회의 편견을 확대 재생산하거나 거짓 정보를 손쉽게 만들어 유포할 수 있어서 민주주의적 숙의 과정을 심각하게 방해하는 것과 같은 이미 실현된 위험에 대비하는 것이 더 중요한 문제가 아니냐는 지적도 많이 제기되고 있다. 컴퓨터 과학 연구자들 중에는 초지능이 제기하는 실존적 위험이 분명 실재하는 것이기는 하지만 인공지능과 관련하여 보다 시급하게 해결해야 할 다른 사회적 문제에 비해 지나치게 그 중요성이 과장되어 있다는 의견을 피력하는 이들이 상당수 있다. 특히 인공지능을 활용해서 뭔가 구체적인 문제를 푸는 연구자들은 인공지능으로 만든 가짜 동영상으로 인한 피해에 대한 대응 방안이나 금융 인공지능의 투자 손실에 대한 책임 문제 등 현실적으로 대책이 필요한 문제에 논의가 더 집중되어야 한다고 생각한다.

더 나아가 실존적 위험이 과장되었다고 비판하는 학자들, 특히 스티븐 핑커Steven Pinker 같은 인지심리학자들은 인공지능의 '지능'의 의미가 인간의 '지능'에 비해 매우 협소한 것이라는 점에 주목한다. 실존적 위험을 강조하는 내용의 글에서 등장하는 '지능'이라는 단어를 '계산 속도'라고 바꾸어도 문장의 뜻은 거의 바뀌지 않는다. 즉 실존적 위험을 강조하는 논자들은 인간의 지능이 결국에는 계산 속도로 환원될 수 있다고 생각하는 것이다. 이 생각에 따르면 계산 속도는 인공지능 기술의 발전으로 계속해서 증가할 수 있으니 결국에는 인간의 제한된 계산 능력 혹은 그 계산 능력에 기반한 지적 능력을 능가하는 초지능이 등장할 것이다. 이러한 견해를 철학에서는 계산 환원주의comptational reductionism라고 한다. 우리가 지적인 행위, 판단, 고찰, 사고라고 부르는 모든 것은 다 계산으로 치환해서 수행 가능하다는 견해다. 물론 이때 치환하여 수행 가능하다는 말은 모

스티븐 핑커

1954~ . 『언어 본능』, 『빈 서판』, 『우리 본성의 선한 천사』 등으로 대중에게도
널리 알려진 미국의 인지심리학자. 핑커는 인공지능이 야기하는 실존적 위험이
과장되었다고 비판한다. 인공지능은 인간 지능의 다면적 성격 중에서 오직 수학
적 계산 능력만을 갖추고 있기 때문이다.

든 지적 활동이 계산과 '동일'하다는 말은 아니다. 당연히 인간의 두뇌에서 일어나는 전기화학적 반응과 인공지능의 인공신경망에서 이루어지는 디지털 신호 체계의 작동 방식은 다르다. 하지만 결과물의 수준에서는 두 지능 모두 동등하다. 즉 인간의 지적 능력 모두가 인공지능의 빠른 계산으로 모두 대체해서 실현 가능하다.

계산 환원주의는 학술적으로 충분히 견지할 만한 입장이다. 사실 대부분의 컴퓨터 과학자들은 암묵적으로 계산 환원주의를 받아들이고 있다. 우리가 어떻게 정확히 알고리즘으로 구현해 낼지 모를 뿐이지, 원칙적으로 세상의 모든 지적인 결과물은 다 계산이라는 것이다. 최근 인공지능이 음악, 미술, 법률처럼 인간의 지적 능력의 대표적 결과물을 계산적으로 구현해 내면서 이런 생각은 컴퓨터 과학자들 사이에서 더욱 호소력을 얻고 있다. 하지만 현 단계에서 정말로 계산 환원주의가 참인지를 단언하기는 어렵다. 현재까지 인공지능이 놀라운 성과를 보여 준 것은 사실이지만 그 영역의 확장이 인간 지능의 모든 영역까지 이루어질지는 확실하게 알 수 없다. 게다가 더 중요한 점은 인간 지능이 발휘되는 '방식'을 고려할 때 정말로 지능이 결과물에 대한 판단에만 의존하는지 자체도 논쟁적이라는 사실이다.

**지능이란
무엇인가**　지능 연구에서 학술적으로 합의된 견해는 인간 지능이 IQ처럼 단일한 척도로 정의될 수 없다는 것이다. 다중지능 이론에서는 실제로 인간의 똑똑함이라는 것은 여러 가지 구성 요소로 되어 있고 그것들의 보편적 특징은 IQ가 측정하는 것만으로 환원될 수 없다고 설명한다. 원래 IQ를 처음 개발했던 앨프리드 비네Alfred Binet는 모든 사람들의 지적인 능력을 하나의 숫자로 표현할 수 있다고 생각하지 않았다. 가령 IQ 100이 평균이면 IQ 120은 평균보다 20만큼 지적으로 똑똑하고, IQ 80이면 평균보다 20만큼 멍청하다는 식으로 사람들의 지적인 능력들을 일렬로 쭉 세우려고 만든 것이 아니었다. IQ를 지능의 보편적 척도로 보는 생각은 비네의 아이디어가 미국으로 건너가서 여러 인종차별적인 생각과 결합되면서 생겨난 것이다.

비네는 학습 능력이 떨어지는 아동들, 특히 부모 없이 고아원에서 자란 아동들이 전반적으로 언어 발달이 늦어서 나중에 사회에 나가 활동하는 데 지장을 겪는다는 점에 주목했다. 그래서 아동들이 학습 능력에서 어느 부분이 제일 약한지를 측정하여 이들을 도울 목적으로 만든 것이 IQ였다. 그런데 비네의 측정법이 미국 심리학자들에 의해 번역되고 보편적인 지능 측정 방법으로 개발되면서 당시 미국에 널리 퍼져 있었던 인종차별적인 생각을 옹호하는 데 사용되었다. 예를 들어 이민자들은 미국인(이들도 결국 이민자들의 후손이다)보다 지능이 낮기에 이민자를 받아들이면 미국의 지적 능력이 쇠퇴하게 된다는 주장이 있었는데, IQ 검사를 해 보면 이민자의 지능이 미국인 평균보다 더 낮다는 사실이 그 근거로 제시되었다. 그런데 이 검사에는 미국에 상당 기간 거주해야 알 수 있는 문화적 사실을 묻는 문제들이 있었기 때문에 갓 입국해서 영어나 미국 문화가 낯선 이민자들에게 어려울 수밖에 없었다. 이렇게 '문화 의존적' 문제들로는 지적 능력을 제대로 측정할 수가 없었다. 물론 현재 IQ 검사는 이런 인종차별적 요소를 제거하고 최대한 지능을 객관적으로 측정할 수 있는 방식으로 변화했지만 여전히 언어 능력이나 계산 능력, 공간 지각 능력처럼 측정하기 쉬운 영역에 집중하는 한계가 있다.

이런 과정을 겪으면서 현재 지능 연구자들은 인간이 가진 수많은 능력 중에 IQ를 비롯한 통상적인 지능 검사가 인간 지능의 다면적 측면을 모두 담아내지 못한다는 결론에 도달했다. 예를 들어 다중지능 이론가 중 가장 유명한 하워드 가드너Howard Gardner의 분류에 따르면 지능은 모두 일곱 가지 영역(언어, 논리-수학, 음악, 자기 성찰, 인간 친화, 신체 운동, 공간)으로 나뉘고, 각각의 능력은 다른 능력으로 환원되지 않는 상당한 정도의 독립적인 역량에 해당한다. 즉 언어 지능이 뛰어나지만 음악 지능은 그다지 인상적이지 않은 사람들이 있을 수 있다는 것이다. 물론 가드너의 분류법을 모든 사람들이 수용하는 것은 아니고 실제로 객관적 측정이 쉽지 않은 지능도 많다. 비록 다중지능을 정확히 몇 가지로 구별하는지에 대해서는 학자마다 견해가 달라도 한 가지 확실한 점은 우리 인간의 지능이 다면적 성격을 지닌다는 점, 특히 통상적 지능 측정에서 강조되는 언어, 수학, 공간 능력만이 아니라 사회적 상황에 대처하는 능력, 새로운 가능성을 생각하는 능력, 신체적 활동 능력 등도 매우 중요한 인간 지능의 특징이라는 점에 대해 모두 동의한다는 사실이다.

하지만 인공지능은 이런 인간 지능의 다면적 성격 중에서 오직 수학적 계산 능력만을 갖추고 있다. 현재 큰 주목을 받고 있는 거대 언어 모형조차 그것이 작동하는 원리는 수학적 계산이다. 사회적 지능이나 신체적 지능, 감정적 지능처럼 인간 지능이 보여 주는 다양한 측면을 담아내지는 못한다. 특히 인류 진화에서 생존에 결정적인 역할을 했던 협동 능력을 담보하는 다양한 지적 능력은 첨단 인공지능조차도 제대로 구현하기 어렵다. 이런 인간 지능의 독특한 측면을 인공지능이 구현하기 어렵기에 앞서 소개한 여러 난제, 즉 인간의 윤리를 인공지능에게 가르치는 문제, 상식을 갖추게 하는 문제 등이 생겨난다.

인공지능은 천재인가

이 문제를 조금 다른 각도에서 이야기해 보자. 초지능이라는 것은 결국 인공지능이 인간보다 훨씬 똑똑한, 다시 말해 천재라는 것이다. 우리가 어떤 것들이 '천재적'이라고 할 때는 두 가지 뜻이 있다. 이를 '천재성-1'과 '천재성-2'로 구별할 수 있다. 네 자릿수의 곱셈, 가령 4237×3315를 곧바로 하는 사람들이 있다. 이탈리아로 출장 가기 전에 이탈리아어를 일주일 정도 공부해서 현지에서 밥 먹고 도로 표지판 읽는 수준으로 구사하는 사람들도 있다. 이렇게 다른 사람들보다 훨씬 빠른 속도로 학습하거나 일을 처리하는 이들이 있다. 그런 사람들이 천재성-1을 가진 이들이다.

하지만 뉴턴이나 아인슈타인이 천재라고 하는 것의 의미는 조금 다르다. 그들이 했던 과학적 연구가 후대에 엄청난 영향을 끼쳤다는 의미. 실제로 우리는 건물을 지을 때도, 소행성에 부딪힐 발사체를 보낼 때도 뉴턴 역학을 사용한다. 400년 전에 태어난 사람이 쓰던 역학을 아직도 쓰고 있다. 아인슈타인은 그 역학을 결정적으로 개선했는데, 우리가 길을 찾을 때 사용하는 GPS 같은 장치가 아인슈타인의 일반상대성이론을 활용해서 만든 것이다. 이처럼 뉴턴과 아인슈타인은 우리가 사는 사회 전체에 엄청난 영향을 끼친 사람들이다. 이들이 천재성-2를 발휘한 이들이다.

문제는 천재성-1과 천재성-2가 항상 함께 나타나지는 않는다는 점이다. 천재성-1을 보이는 사람들이 천재성-2를 성취하지 못한 경우가 너무 많다. 거꾸로 천재성-2를 성취한 사람 중에서 천재성-1을 보여 주지 못한 '평범하게 똑똑했던' 사람들도 많다. 전 세계 수많은 영재학교에는 천재성-1을 보여 주는 이들이 있다. 그러나 영재들 중에서 천재성-2를 발휘하는 사람들이 전체 인구 평균보다 많은지는 현재도 논란거리다. 영재학교 졸업생들의 평균적인 성취는 분명 전체 인구 평균보다 높다. 하지만 영재라고 해서 천재성-2처럼 엄청난 성취를 할 가능성이 높아지는 것 같지는 않다. 게다가 어렸을 때부터 영재라고 소문나지도 않았던 '평범하게 똑똑했던' 사람들 중에서 세상을 바꾸는 연구를 한 사람들, 즉 천재성-2를 성취한 사람들도 상당수 있다. 사람의 지능은 복합적이고, IQ가 측정하는 능력은 분명 중요한 지적 능력이지만 천재적인 성취를 하기 위해 필요한 능력의 일부에 불과하다. 천재성-2를 성취하기 위해서는 인간 지능의 다양한 측면이 복합적으로 활용되어야만 하는 경우가 대부분이다.

그래서 칙센트미하이 등 천재를 연구하는 사람들이 수행한 경험 연구에 따르면 IQ 126을 넘으면 각 영역에서 상당한 성취를 한 사람들의 비율과 IQ의 상관관계가 사라진다. 즉, 각 영역에서 중요한 성취를 이루기 위해서는 당연히 '상당히 똑똑해야' 하지만 어느 정도 IQ가 높으면 그다음부터는 IQ 이외의 능력이나 운이 훨씬 더 중요하다는 의미다.

이런 점을 고려할 때 인공지능의 계산 속도가 빨라지면 인간의 모든 지능을 합한 것보다 더 똑똑해져서 결국에는 인간의 실존을 위협한다는 생각은 그 가능성을 부정할 수는 없지만, 지능이 사회적으로 작동하는 복잡한 방식을 무시한 채 지능을 빠른 계산 속도로만 환원하는 한계를 가진 주장이라고 볼 수 있다.

인공지능에게 인간적
가치를 가르칠 수 있을까

이처럼 초지능이 야기하는 실존적 위험은 '빈약한' 지능 개념에 근거했다는 근본적인 문제점이 있다. 하지만 초지능에 도달하지 않은, 혹은 사회적이거나 감정적 지능을 갖추지 못한 인공지능도 인류에게 실존적 위험을 발생시킬 수 있다. 왜냐하면 생성형 인공지능의 뛰어난 능력을 활용해서 그동안 존재하지 않았던 독성 물질을 만들거나 허위 정보를 퍼뜨리는 방식으로 인류에게 큰 피해를 줄 수 있기 때문이다. 즉, 인공지능의 놀라운 계산 능력과 패턴 발견 능력이 인간 지능과 결합하면 인류에게 절체절명의 위기 상황을 만들 수도 있는 것이다. 그래서 초지능에 대한 과장된 담론과 무관하게 인공지능에게 인간적 가치를 가르치는 문제, 즉 '정렬화 문제'에 대해 고민해 볼 필요가 있다.

하지만 인공지능이 인간적 가치를 학습한다는 것은 생각만큼 쉽지 않다. 아이작 아시모프Isaac Asimov가 쓴 과학소설 연작 '로봇 시리즈'에는 양전자 두뇌라는 일종의 인공지능을 장착한 로봇이 주인공으로 등장한다. 거기에 등장하는 로봇 3원칙이 있다. 그런 것을 인공지능에게 가르치면 될 것이라고 생각하기 쉽다. 아시모프의 로봇 제1원칙은 '로봇은 인간을 해치지 않는다'이고, 제2원칙은 '첫번째 원칙에 어긋나지 않는 한 인간의 명령에 복종한다'이며, 제3원칙은 '첫 번째, 두 번째 원칙에 어긋나지 않는 한 자신의 몸을 지킨다'이다. 누구나 봐도 직관적으로 그럴듯하게 로봇 혹은 인공지능의 행동을 규제할 수 있는 원칙으로 되어 있다.

그런데 사실 아시모프는 자신의 소설에서 로봇 3원칙이 문제를 일으키는 상황을 여럿 제시했다. 예를 들어 몸의 3분의 1을 기계로 대체한 인간은 로봇인가 인간인가? 90퍼센트를 대체하고 두뇌를 제외하고 전부 기계여도 인간인가? 여전히 인간이라면 결국 두뇌가 인간과 로봇을 나누는 결정적 차이라고 여기는 것이다. 그러나 이 차이를 외모만 보고 판단할 수 있을까? 로봇 3원칙을 정확하게 적용하기 위해서 로봇은 외부 행동만으로 인간과 로봇을 구별할 수 있어야 하는데 두뇌가 핵심이라면 이런 구별은 거의 불가능할 것이다. 또 여러 윤리적 직관이 복잡하게 얽히는 상황도 있다. 예를 들어 범죄자가 무고한 사람을 해치려는데 로봇에게는 가만히 있으라고 명령하면 로봇은 스스로가 인간을 해치는 것은 아니므로 2원칙에 따라 이 끔찍한 행위를 그냥 보고만 있어야 할 것 같은데, 그렇다면 이 로봇은 '윤리적' 로봇은 아닐 것이다. 이처럼 아시모프는 자신이 제안한 로봇 3원칙이 실제로 작동하기 어렵다는 사실을 알고 있었다. 이에 대해 현재 로봇 공학자들과 인공지능 연구자들은 절대다수가 동의한다. 그리고 윤리적 직관은 대체로는 보편적이지만 구체적인 수준에서는 문화마다 차이를 보인다. 자율 주행 차량의 알고리즘과 관련된 설문 조사에서 노인의 생명과 어린아이의 생명에 대해 불가피한 선택을 하라고 요구했을 때 문화권마다 주도적 견해가 조금씩 다르다는 연구 결과도 있다.

그래서 현재는 로봇 3원칙처럼 규칙을 위계적으로 쌓아서 로봇에게 알고리즘적으로 따르게 하는 방식으로 인간의 윤리를 가르치는 것은 기술적으로 거의 불가능하다고 여겨진다. 인공지능 연구자들은 아시모프와는 다른 방식, 특히 인간과 상호작용을 하면서 일종의 '사회적' 방식으로 인간의 윤리적 직관을 배우는 방식 등을 탐색하고 있다. 이런 탐색이 어떤 결과를 가져올 수 있을지는 좀 더 지켜볼 필요가 있다. 다만 중요한 점은 인공지능에게 인간적 가치를 가르치는 일은 필요하고, 특히 인간과 사회적 상호작용을 하는 인공지능의 경우에는 필수적이지만 그것을 실제로 성취하는 데

윤리적 로봇은 가능한가

인공지능 연구자들은 로봇이 인간과 상호작용을 하면서 사회적 방식으로 인간의
윤리적 직관을 배우는 방식을 탐색하고 있다. 로봇이 인간적 가치를 얼마나 내재
화하는지와는 별개로 인간은 인공지능의 기술적 특징과 지능의 장단점을 정확하
게 이해하고 이를 활용하려는 노력을 해야 한다.

는 아직 해결해야 할 문제가 많이 남아 있다는 점이다. 그러므로 우리는 인공지능과 인간 지능의 '차이점'을 분명하게 이해하고서 두 지능 사이의 성공적인 협업을 추구하려는 노력을 해야 한다. 즉 인공지능에게 인간의 가치를 학습시키려는 노력만이 아니라, 우리가 인공지능의 기술적 특징과 지능의 장단점을 정확히 이해하고 이를 활용하려는 노력을 해야 한다는 것이다. 이러한 노력은 인공지능이 인간의 가치를 얼마나 확실하게 내재화하는지와 무관하게 항상 필요하다.

3장

메타버스,
다른 세상에 대한 꿈?

김재희

●
○

증식하는
가상 존재　　　텔레비전 광고로 알려진 '오로지'. 나이는 영원히 늙지 않는 스물두 살. 서울에서 태어나 패션과 환경 보호에 관심 많은 여성으로, 인스타그램 파워 인플루언서다. 로지는 2020년 8월 싸이더스스튜디오엑스에서 인공지능과 디지털 기술로 탄생한 가상 인간이다. 실재하지 않지만 마치 실재하는 인간인 것처럼 성별, 나이, 성격 등 정체성까지 부여받고 현실 세계 안에서 광고 모델로 활동하고 있다.

　　2019년 7월, 스마일게이트의 게임 캐릭터로 데뷔한 '한유아'. 2002년생, 키 168센티미터, 혈액형 AB형, MBTI는 ENFJ(정의로운 사회운동가). 역시 가상 인간인 유아는 게임, 광고 모델, SNS 활동,

음반 발매를 넘어서 글도 쓰고 그림도 그리기 위해 본격적으로 학습까지 하고 있다. 2021년 3월부터 2022년 10월까지 블로그 포스트, 신문 기사, 댓글, 표준국어대사전, 위키피디아 등 단행본 216만 권에 해당하는 863기가바이트의 언어 데이터를 학습하고, 수채화, 유화, 판화, 데생, 일러스트 등 약 50억 장의 다양한 형태 이미지도 학습했다. 이런 '기초 학습'을 거쳐 유아는 2022년 6월부터 '심화 학습'에 들어갔다. 1000장 이상의 이미지 데이터로 식물 세밀화 공부에 집중할 뿐만 아니라, 인간 우다영 작가와 대화하면서 문학과 에세이 중심의 글쓰기 실력도 키우고 있다.

가상 인간들이 현실 세계에 들어와 실제 인간보다 더 왕성하게 활동하는 한편, 실제 인간들은 오히려 가상 세계로 들어가 비인간 행세를 하며 활동 영역을 넓혀 가고 있다. 살아 있는 몸의 리얼리티를 가상 세계의 아바타 동작으로 대체하고, 실물 사진을 다양한 모습의 디지털 이미지와 뒤섞어 자기 정체성을 지운다. 버튜버virtual YouTuber는 실제 인간이 아니라 애니메이션이나 게임 캐릭터와 같은 2D 또는 3D 아바타 모습으로 유튜브 방송을 진행한다. 이 버튜버 배후의 진짜 인간이 누구인지는 밝히지 않은 채 오로지 아바타로만 방송을 진행하는데 인기 만점이다. 2022년 11월 전 세계 유튜브 슈퍼챗(시청자인 구독자가 크리에이터인 방송자에게 일정 금액 후원하는 기능) 1위에서 5위는 모두 버튜버들이 차지했다.

'이세돌'은 2016년 알파고를 이긴 유일한 인간 바둑 기사의 이름이 아니다. 이세돌은 대한민국의 6인조 '가상 아이돌' 그룹인 '이 세계 아이돌'의 약칭이기도 하다. 인터넷 방송 오디션을 통해 선발된 인간 멤버들로 결성되어 2021년 12월 데뷔했다. 이세돌로 불리는 이 가상 아이돌 그룹은 디지털 음원 스트리밍 서비스 사이트의 인기 음악 차트에 오르며 생방송마다 수많은 팬들을 몰고 다닌다. 이들은 진짜 인간들이지만 오직 가상 캐릭터인 아바타로만 활동하는 것이 특징이다. 이 아바타들은 목소리와 성격 등 실물을 그대로 반영하지만 그 실물이 누구인지는 공개하지 않은 채 오로지 아바타로만 가상 세계 안에서 공연하고 팬들과 대화한다.

그런데 이세돌은 동일한 가상 아이돌인 '이터니티'와는 다르다. 2021년 3월에 데뷔한 케이팝 걸그룹 이터니티는 오직 인공지능 기술로 생성된 가상 인간들로만 이루어져 있다. 이들 배후에는 원본에 해당하는 실물 인간이 없다. 진짜 인간인지 인공지능이 생성한 실사 이미지인지, 춤추고 노래하는 디지털 이미지들의 차원에서는 구분하기 어렵다. 가상 아이돌의 세계에서는 그 구성 멤버가 가상 인간인지 실제 인간인지 중요하지 않다.

2020년에 방송된 Mnet의 인공지능 음악 프로젝트 〈다시 한 번〉은 예전의 목소리와 안무 데이터를 인공지능 기술로 복원하여 이미 작고한 아티스트들의 실황 공연을 펼쳤다. 혼성 그룹 '거북이'는 12년 전 세상을 떠난 터틀맨을 복원하여 '다시 한 번' 멤버 전원이 참여한 무대를 꾸며 새로운 곡을 선보였다. 과거에서 복원된 가상 멤버와 현재 살아 있는 멤버가 한 자리에 모여 새로운 노래를 부르는 장면은 가상과 실재의 경계가 무너지는 것만이 아니라 과거와 현재가 중첩하는 기이하고 낯선 현실을 보여 주면서 동시에 새로운 감동을 체험하게 했다.

디지털 대전환과
가상의 지위 변화

2020년 전후로 가상 존재가 급증하고 있다. 이들은 실제로 존재하지 않지만 마치 실제로 존재하는 것처럼 인공지능 디지털 기술을 통해 생성되어 가상의 정체성과 세계관을 갖추고 현실 세계 안에서 활동한다. 이런 가상 존재의 등장 배후에는 코로나19로 인한 비대면 시장의 활성화라든지 디지털 기술과 가상 세계에 친숙한 젊은 세대들의 부상도 있지만, 무엇보다 디지털 기술의 눈부신 발달이 놓여 있다. 실제 인물의 일부(얼굴, 손 등)를 부분적으로 합성하여 진짜처럼 조작하는 딥페이크, 가상을 실물처럼 디자인하는 딥리얼을 비롯해서, 영화 〈아바타: 물의 길〉에서 잘 표현된 VFX[9] 등 관련 기술의 발전이 핵심적이다.

이러한 기술적 발전은 디지털 대전환이라는 인류사적 혁명의 과정 속에서 이루어지고 있다. 디지털 대전환은 산업 기반 조직, 프로세스, 비즈니스 모델, 문화, 시스템 등 사회 전반에 데이터 기반 디지털 기술을 적용하여 전통적인 사회 구조를 변혁하는 것이다. 메일, 교육, 금융, 쇼핑, 게임, 방송 등 일상적 삶의 대부분이 디지털 기술 환경에 의존하면서 삶의 표준이 오프라인에서 온라인으로 이동하고

9   컴퓨터 그래픽스CG에 바탕을 둔 모든 종류의 디지털 기법.

인포스피어의 주민

지금 우리는 디지털 대전환이라는 인류사적 혁명의 한복판을 통과하고 있다. 일상
적 삶 대부분이 디지털 기술에 의존하게 되면서 우리는 온라인과 오프라인을 오가
며 정보를 주고받는 인포스피어의 주민이 되었다. 인포스피어에서 인간은 더 이상
특별하고 예외적인 생명체가 아니라 여러 인포그들 중 하나일 뿐이다.

있다. 물질적 사물들과 생물학적 신체는 더 이상 주어진 시공간에만 머무르지 않고 '멀리 떨어져tele-'와 '지금 여기 있음presence'이 더해진 '원격 현전telepresence'의 방식으로도 존재할 수 있게 되었다.

정보철학자 루치아노 플로리디Luciano Floridi는 온라인과 오프라인을 오가며 정보를 주고받는 우리의 디지털 생활 환경을 인포스피어infosphere(정보권)로 정의한다. 인포스피어는 학습 능력이나 상호작용이 없는 '죽은' 사물들의 공간이 아니다. RFIDradio frequency identification 마이크로칩을 부착하여 정보 존재가 된 사물들은 언제 어디서나 상호작용을 하며 정보를 처리한다. 인간이 직접 개입하지 않아도 자기들끼리 정보를 주고받으며 자동으로 작동하는 사물 인터넷, 자율 주행 자동차, 스마트 가전이 상용화되는 초연결 사회 hyper-connected society가 실현되고 있다.

그런데 이 인포스피어에는 인간만이 아니라 기술적 존재자들도 동등한 정보 행위자들로서 거주한다. 자연물과 인공물, 인간과 비인간의 구분을 넘어서 모든 존재자들이 데이터 꾸러미로서 동등한 정보적 구성물로 간주된다. 플로리디는 인포스피어에 거주하는 이들을 '사이보그cyborg'에 빗대어 '인포그inforg'라고 부른다. 인포그는 "인포스피어와 연결이 끊어질 때마다 마치 물 밖에 나온 물고기처럼 무언가 박탈되고 배제되고 장애를 얻고 빈곤한 느낌을 갖는다."[10] 인간은 이제 바이오스피어biosphere(생명권)의 특별한 생명체가

---

10   루치아노 플로리디, 『정보철학 입문』, 석기용 옮김(필로소픽, 2022), pp. 28~29.

아니라 인포스피어에 기주하는 여러 인포그들 중 하나다.

디지털 대전환은 자동화된 시스템을 통해서 인류가 보다 편리한 생활을 하게 되었음을 의미하는 데 그치지 않는다. 인공지능 기반의 자동화 시스템은 인간을 특권화한 인간중심주의 패러다임의 몰락을 보여 주며, 인간과 비인간의 상호 협력 네트워크 세상이 도래함을 알린다. 디지털 대전환 시대의 인류는 가상 인간과 실재 인간이 공존하는 다중 현실 세계에서 산다.

일찍이 플라톤은 실재와 가상을 구분하고 가상을 폄하했다. 가상은 실재를 왜곡하는 가짜이자 허상이기 때문이다. 플라톤은 감각적 이미지들을 가상으로 규정했다. 통상 우리는 '내 두 눈으로 똑똑히 봤어!'라고 감각 경험을 증거로 내세워 자기 생각의 확실성과 참됨을 주장한다. 그러나 플라톤은 감각이야말로 사람마다 다르고 상황에 따라 달라지기 때문에 믿을 수 없으며, 사물의 진짜 모습은 감각 경험이 아닌 이성적 직관을 통해서 파악할 수밖에 없다고 여겼다. 어떤 사물의 그 사물됨 자체를 보여 주는 본질적 형상을 플라톤은 '이데아'라 불렀는데, 이 이데아야말로 진정한 실재다. 변화무쌍한 감각적 경험은 이데아를 복사한 이미지에 지나지 않는다. 형형색색으로 아름답게 경험되는 꽃들은 꽃의 본질인 이데아를 각기 다르게 복사한 이미지다. 게다가 이 꽃들을 보고 그린 그림은 복사본을 다시 복사한 것이기에 원본 이데아를 가장 닮지 못한 시뮬라크르simulacre(허상)일 뿐이다. 플라톤의 관점에서는 우리가 '리얼'하다고 여기는 경험적 표상뿐 아니라 텔레비전, 컴퓨터, 스마트폰 등에 나타나는 2D, 3D의 가상 이미지가 모두 실재가 아닌 열등한 허상에 지나지 않는다.

20세기 중반, 포스트모던 시기로 접어들자 기술적 매체의 발달과 더불어 실재와 가상의 관계는 역전되기 시작했다. 원본과 복사본의 위계질서가 무너지고, 한갓 이미지에 불과한 것들이 리얼한 것보다 더 리얼한 '하이퍼리얼리티(극실재)'로 각광받게 된 것이다. 장 보드리야르Jean Baudrillard는 『시뮬라시옹』에서 텔레비전이나 영화 등 대중매체가 증가시킨 이미지와 기호 사이로 실재의 의미가 사라져 가는 현실을 오히려 안타깝게 진단했다. 그는 디즈니 세계관의 애니메이션 캐릭터들처럼 원본조차 없는 시뮬라크르가 진짜보다 현실에 더 큰 영향력을 행사하는 무의미하고 공허한 대중문화를 냉소적으로 비판했다.

원본과 실재의 가치가 사라져 가는 세기말의 허무주의를 뚫고 21세기에 가속화된 인공지능과 디지털 기술의 발달은 실제로 존재하지 않는 것을 실제로 존재하는 것처럼 만드는 이 '시뮬라시옹'을 더욱 강화하여, 급기야 실물 없는 디지털 이미지들이 실물과 동등하게 활동하며 인정받는 시대를 열었다. '가상 존재자들'은 시뮬라크르라고 더 이상 열등하게 취급되지 않는다. 디지털 이미지 차원에서는 더는 실재인지 가상인지 구분조차 하기 어렵고, 가상과 실재를 넘나드는 젊은 세대들에게 양자의 구분 자체는 중요하게 간주되지도 않는다. 디지털 기술에 익숙한 Z세대(1997~2010년생)와 α세대(2010~2024년생)는 디지털 세계의 원주민들로서, 디지털 이미지들의 가상 세계 안에서 오히려 자기 존재감을 확인하고 삶의 즐거움을 발견한다.

가상과 실재의
경계를 넘어

디지털 기술은 이제 가상과 실재의 경계를 넘어서는 '메타버스metaverse'를 창조하는 데 이르렀다. 메타버스라는 말은 '초월meta'과 '우주universe'가 더해져 만들어진 합성어로, 닐 스티븐슨Neal Stephenson의 공상과학소설 『스노 크래시Snow Crash』에서 가져온 것이다. 이 소설에서 메타버스는 실제 세상을 그대로 옮겨 놓은 디지털 세상이다. 페이스북 최고 경영자 마크 저커버그Mark Zuckerberg는 2021년 10월에 회사 이름을 '메타Meta'로 바꾸고, 모바일 인터넷의 진정한 후계자인 메타버스 구축에 집중할 것을 선언했다. 그에 따르면 메타버스는 인터넷에서 클릭하는 것처럼 쉽게 시공간을 초월하여 누구나 드나들 수 있고, 상상하는 거의 모든 것을 그 안에서 할 수 있으며, 디지털 자산도 소유할 수 있는 가상의 세상이다.

2007년, 미국 미래학협회Acceleration Studies Foundation, ASF는 일찍이 메타버스를 "가상으로 강화된 물리적 현실"과 "물리적으로 지속하는 가상 공간"이 융복합된 공간으로 정의했다.[11] 메타버스의 핵심

---

11   송원철, 정동훈, 「메타버스 해석과 합리적 개념화」, 『정보화 정책』, Vol. 28, No. 3(2021, 한국지능정보사회진흥원), pp. 3~22. https://doi.org/10.22693/NIAIP.2021.28.3.003.

특징은 실재와 같은 생동감과 현장감에 있으므로 '실재의 가상화와 가상의 실재화'를 실현할 수 있는 다양한 기술의 발전이 무엇보다 뒷받침되어야 한다. 실제와 유사하게 컴퓨터 안에 인공 환경을 구현하는 가상현실virtual reality, VR, 가상의 사물이나 정보를 실제 환경 안에 덧붙여 합성 환경을 구현하는 증강현실augmented reality, AR, 컴퓨터 가상 세계에 현실 사물의 쌍둥이를 만들고 현실에서 발생할 수 있는 상황을 컴퓨터로 모의실험을 하면서 결과를 미리 예측하고 제어할 수 있게 하는 디지털 트윈digital twin 등 핵심 기술을 비롯해서, 인공지능, 빅데이터, 5G네트워크, 3D그래픽스, 클라우드서비스, 스마트글래스, HMDhead-mounted display 등 기본적인 토대 기술과 주변 기기의 발달이 요구된다.

이러한 디지털 기술의 관점에서 보자면 메타버스 환경이 실현되기에는 아직 이른 측면이 있다. 2022년 3월, 「미국 내 메타버스 산업 현황과 전망」 리포트에 따르면 메타버스를 구현하기까지 총 다섯 단계의 작업이 필요하고 각 단계별로 최소 10년의 세월이 요구되는데, 현재는 그 1단계로서 "메타버스 관련 인프라를 축적하고 사용성 개선을 위한 방안을 모색하는 단계"에 불과하다.[12] 2003년, 린든랩이 개발한 세컨드 라이프가 일찌감치 메타버스 구현을 시도했지만 기술적, 경제적 조건 등의 미성숙으로 당시에는 성공하지

---

12   한국콘텐츠진흥원 미국비즈니스센터, 「미국 내 메타버스 산업 현황과 전망」, 『미국 콘텐츠 산업 동향』, 2022년 1호.

못했다. 현 단계에서 메타버스로 불리는 플랫폼인 로블록스Roblox, 포트나이트Fortnite, 제페토Zepeto, 메타 등도 아직은 메타버스의 완성된 형태에 도달했다고 보기 어렵다. 기술적으로 PC와 모바일폰을 통한 2D형 공간 체험 플랫폼이 대부분이고, 고글이나 헤드셋 기기를 장착하고 360도 3D VR이나 온몸 몰입 4D를 체험할 수 있는 플랫폼은 극히 일부에 지나지 않는다. 그래서 메타버스는 스마트폰 게임의 일종으로 간주되기도 한다.

영화 〈레디 플레이어 원〉의 '오아시스'는 VR슈트를 통해 아바타가 느끼는 감각을 모두 느낄 수 있다. 영화 〈매트릭스〉의 '매트릭스'는 뇌와 컴퓨터의 직접 연결 방식brain-computer-interface, BCI으로 가상 세계의 완전 체험에 빠져들 수 있다. 오아시스나 매트릭스와 같은 이상적 형태의 메타버스에 도달하기에는 아직 요원하다. 영화와 달리 현실에서는 빅테크 기업들의 여러 메타버스 플랫폼들이 서로 경쟁하고 있기 때문에 하나의 메타버스 세상에 드나들 수 있는 단일한 출입구조차 없다.

메타버스 구축에 자신감을 심어 준 다른 요인으로는 가상 세계의 경제 활동을 가능하게 하는 블록체인이나 NFT(대체 불가능 토큰)의 발달이 있다. 블록체인은 연쇄적으로 연결된 블록에 데이터를 저장하고 네트워크의 합의 없이 체인을 삭제하거나 수정할 수 없게 데이터의 위조나 변조를 방지하는 기술이다. 현실 세계에 땅문서나 집문서처럼 실물 자산에 대한 소유권 보장 증서가 있듯이 NFT는 가상 세계의 디지털 존재자들에 대해 소유권을 보장해 주는 디지털 권리 증서다. 블록체인은 데이터 위조나 변조를 불가능하게 함으로써 익명의 아바타가 활동하는 가상 세계에 신뢰를 가져오고, NFT로 보장된 디지털 자산에 경제적 가치를 매길 수 있게 한다. NFT는 무한 복제 가능한 디지털 이미지에 원본의 가치를 심어 줌으로써 디지털 작품의 저작권이나 디지털 자산 소유권을 보장할 수 있게 한다.

이런 점을 강조하여 메타버스를 탈중앙화된 자율 조직의 실현 모델로 바라보는 이념적 이해도 있다. 메타버스는 수많은 사용자들이 자율적인 주체로서 동등하게 참여하여 공동으로 만들어 가는 세상이고, 대기업이나 국가와 같은 단일 조직에 의한 중앙 집중식 통제에서 벗어나서 각자의 정보와 데이터를 블록체인과 NFT에 의해 보호받으며 사용자들의 권리와 이익을 공정하게 분배받는 이상 세계가 될 수 있다는 것이다. 그러나 현 단계에서는 메타버스 플랫폼 간에 가상 아이템을 자유롭게 옮길 수도 없고, 통합적으로 사용할 수 있는 가상 화폐도 없으며, 블록체인과 NFT의 안전성과 관련한 제도적 장치도 미비한 상태다.

메타버스의 실체가 아직은 분명하지 않음에도 그것은 오프라인의 현실 세계와 상호작용을 하면서 사회적, 경제적, 문화적 활동이 가능한 온라인 가상 세계로 기대를 받고 있다. 현재 메타버스 플랫폼을 가장 많이 이용하고 있는 이들은 디지털 이미지 소비와 생산에 익숙한 Z세대와 α세대다. 이들은 벌려 놓은 콘텐츠를 취향대로 소비하고 생산하고 확산하면서 자유롭게 즐긴다는 점에서 판플

레이(놀거리의 집합인 '판'과 '놀다play'의 합성어)에 능숙하다.

메타버스는 기존 SNS와 달리 아바타들이 상호작용을 하는 세계다. 아바타는 현실 세계의 나를 대신해 메타버스에서 활동하는 디지털 이미지 캐릭터다. 자유로운 꾸밈과 변신이 가능한 아바타는 메타버스 내 사회적 상호작용 속에서 다중 정체성을 실현해 준다는 점에서 젊은 세대에게 매력적이다. 타고난 인종, 성별, 나이 등을 넘어서 백인이 흑인의 모습을, 남성이 여성의 모습을, 어른이 어린이의 모습을 할 수도 있다. 현실 세계와 다른 신체 이미지 구현을 통해 기존에 몰랐던 타자의 처지에 대해 공감하거나 다른 관점에서 생각해 볼 기회를 가질 수 있다. 현실에서 접할 수 없었던 새로운 세계와 다른 직업에 대한 체험을 통해 자신의 미래를 그려 볼 수도 있고, 여러 아바타 모습으로 다양한 커뮤니티(친구, 길드, 클럽, 당 등)를 동시에 꾸려 갈 수도 있다.

아바타의 가상성과 다중 정체성은 메타버스와 기존의 MMORPG massively multiplayer online role-playing game(다중 사용자 온라인 롤플레잉 게임)와의 차별성을 잘 보여 준다. MMORPG는 수많은 사람들이 같은 게임에 동시에 접속해서 정해진 역할을 맡아 협력하거나 싸우면서 미션을 함께 수행하는 방식이다. 나를 대신하는 게임 캐릭터가 정해진 기능적 역할을 수행하며 미션을 달성해야 게임 내 수치화된 등급으로 자기 성장과 보상을 확인한다.

그러나 메타버스에서는 미션이나 정해진 캐릭터가 없으며, 사용자들이 자신의 아바타를 자유롭게 만들고 능동적으로 콘텐츠를 소비하고 생산한다는 점에서 게임 세계보다 훨씬 자유도가 높다. 게임 공간이 현실에서 충족되지 못한 욕망의 대리 만족을 제공하는 가상의 휴식처라면, 메타버스는 게임에 국한되지 않고 교육, 쇼핑, 공연, 커뮤니케이션 등 현실의 다양한 활동을 가상 세계 안에서 지속하게 한다. 코로나19로 사회적 거리 두기가 지속될 때, 기업의 업무 회의, 입학식과 졸업식, 콘서트, 전시회 등이 메타버스에서 진행되었다.

메타버스는 현실 세계의 활동을 가상 세계에서도 가능하게 하면서 생활을 편리하게 하는 데 그치지 않고 물리적, 경제적 측면에서의 다양한 제약으로 현실에서 할 수 없던 자유로운 실험, 창작, 모의 실습 등을 가능하게 한다는 점에서 기대를 받는다. 자동차 정비 훈련, 범죄 현장의 재구성과 같은 법의학적 실습, 인체 해부나 시술이나 환자 간호 등의 의료 실습, 건축과 발명품 제작, 가상 도시나 국가에서의 교통 체계나 경제 시스템 시뮬레이션, 아바타들과의 외국어 학습, 과거와 미래의 장소에 대한 입체적 체험(거북선 내부 체험, 역사 현장 방문, 미래 도시 탐방 등) 등 메타버스의 다양한 활용을 모색하는 기획이 각계에서 진행 중이다.

비좁고 잡동사니로 가득 찬 현실의 작은 방 안에서 메타버스로 진입하는 헤드셋만 쓰면 길게 펼쳐진 백사장의 야자수 밑에 누워 잔잔한 파도 소리를 들으며 잠들 수도 있고, 푸른 메타세쿼이아 나무들 사이로 한가로이 힐링의 산책길을 걸을 수도 있다. 포트나이트에서 방탄소년단의 공연을 다른 팬들과 함께 즐기고, 제페토에서

블랙핑크의 팬 사인회에 참석할 수 있다. 2022년 3월 미국 힙합 가수 스눕 독Snoop Dogg은 처음부터 메타버스에서 촬영한 신곡 뮤직비디오를 공개하기도 했다. 비용을 최소한으로 줄이고 현실에서는 구현하기 어려운 다양한 연출이 포함된, 오직 메타버스에서만 가능한 새로운 형태의 뮤직비디오를 출시한 것이다. 메타버스는 코로나19로 인해 어쩔 수 없이 쫓겨 들어간 가상 공간이 아니라, 현실 세계가 제공할 수 없는 독특한 경험을 제공하는 새로운 디지털 현실로 각광받고 있다.

**메타버스는
파르마콘인가**　　메타버스가 장밋빛 미래만 보여 주는 것은 아니다. 현실 세계의 어두운 측면이 고스란히 가상 세계 안에서 재현될 수 있다. 메타버스 주 사용자인 8~12세 아동 중 60퍼센트가 사이버 불링cyberbullying(인터넷상에서 특정인을 집단으로 따돌리거나 집요하게 괴롭히는 행위), 게임 중독, 폭력적이고 선정적인 콘텐츠 접촉 경험을 가지고 있다.[13] 제페토 이용자는 7~12세가 50.4퍼센트, 13~18세가 20.6퍼센트에 달한다.

　　2022년 4월 제페토에서 아동과 청소년 열한 명을 대상으로 성착취물을 만든 30대 남성이 통신매체이용음란죄로 경찰에 붙잡힌 사례가 있다. 아바타 성범죄의 경우, 직접적인 신체적, 물리적 폭력

13　　박유현, 『DQ 디지털 지능』, 한성희 옮김(김영사, 2022), 64쪽.

이 아니라 해도 피해자가 겪는 정신적, 정서적 상처와 고통은 현실 세계에서 겪는 것과 결코 다르지 않다. 아바타의 성적 인격권 침해 등을 포함한 디지털 성범죄 대응 법안과 예방 정책이 각계에서 마련되고 있다. 가령 아바타 성범죄 대책으로 메타는 호라이즌 월드에서 아바타 사이 거리를 1.2미터로 제한하는 퍼스널 바운더리(개인 경계선)라는 거리 두기 기능을 도입하기도 했다.

인공지능 채팅 봇 '이루다' 사례는 메타버스 구축에서 주의할 점으로 주목할 만하다. 이루다는 2020년 12월에 출시되었다가 2021년 1월에 급하게 중단되었다. 이루다는 스무 살 여성 대학생을 페르소나로 내세웠으며, 딥러닝 알고리즘을 이용하여 친근하고 자연스러운 일상 대화를 구현한 것이 특징이다. 그러나 사용자들이 이루다에게 음담패설을 늘어놓거나 성차별과 혐오의 언어를 학습시키며 성 노예화한 것이 문제가 되었다.

인공지능 기술로 만들어진 가상 인간들은 실제 인간들과의 관계 속에서 학습하고 성장한다. 실제 인간들이 가상 인간들을 대우하고 관계 맺는 방식은 가상 인간들이 실제 인간들과 상호작용을 하는 현실 세계에 그대로 반영된다. 메타버스를 돌아다니면서 마주치게 될 비인간들이 어떤 말을 배우고 어떤 지식과 가치관을 갖고 어떻게 행동하느냐는 전적으로 인간들과의 관계에 달려 있다. 이루다 사례는 메타버스 내 가상 존재의 설계자와 사용자인 현실 인간들에게 디지털 시민의식 함양의 필요성과 윤리적, 법적 책임감의 무게가 막중함을 일깨워 준다.

메타버스는 사용자들의 자발적이고 능동적인 참여, 현실적 제약을 넘어서는 자유로운 창조와 공유 가치 생산의 장으로 기대를 모았다. 그러나 실제로는 빅데이터 기반 플랫폼 자본주의의 소비 가치를 강화하는 쪽으로 발전해 가는 모양새다. 플랫폼 자본주의란 디지털 네트워크 인프라를 통해서 개인과 집단을 상호 중개해 사람들의 데이터 활동을 지원하면서, 동시에 이용자 데이터 활동과 물질적·비물질적 공유 자원을 정교한 알고리즘 공정을 거쳐 흡수하거나 효율적으로 중개하며 이익을 실현하는 자본주의 형태를 말한다.[14]

언론은 메타버스를 주로 가상의 디지털 이미지를 실물 자산처럼 사고팔 수 있는 디지털 시장으로 다룬다. 명품 브랜드 구찌가 로블록스에 내놓은 한정판 가방은 실제로 사용할 수 없고 오직 메타버스 안에서만 들 수 있는 디지털 이미지임에도 불구하고 약 465만 원에 팔렸다. 지루한 원숭이 요트 클럽Bored Ape Yacht Club, BAYC으로 알려진 디지털 이미지들의 NFT는 수십억 원을 호가한다. 제페토에서 아바타 의복과 장신구 판매로 월 1500만 원 이상 수입을 올린다는 크리에이터가 화제다. 로블록스는 자체 게임 엔진을 사용해서 사용자가 자유롭게 게임을 만들어 수익을 창출할 수 있게 되어 있는데, 이렇게 사용자가 창작 게임으로 벌어들인 수입이 2020년 평균 1만 달러(약 1200만 원), 상위 300명은 평균 10만 달러(약 1억 2000만 원)에 달한다. 물론 로블록스는 가상 통화 로벅스를 판매하고 거래

14　이광석, 『피지털 커먼즈』(갈무리, 2021), 1부 2장.

가 성사될 때마다 수수료를 떼어 수익을 올린다. 메타버스 부동산 디센트럴랜드의 토지는 구획당 수천 달러 또는 수백만 달러에 팔리고 있다. 기업이나 개인 사용자들은 가상 토지 위에 매장이나 디지털 전시회를 열고 의류나 예술 작품 등 다양한 NFT 상품들을 판매하며 수입을 올린다. 메타버스 플랫폼 안에는 α세대를 새로운 시장의 소비자로 끌어들이려는 유명 기업들의 매장이 우후죽순 들어서고 있다.

인터넷이 처음 등장했을 때 인터넷과 웹의 설계자들은 개방과 공유에 기초한 사이버스페이스를 꿈꾸었다. 1996년 사이버 활동가 존 페리 발로John Perry Barlow의 「사이버스페이스 독립선언문」에는 현실 세계의 정부나 국가보다 더 인간적이고 공정한 세상이 사이버스페이스에 건설될 것이라는 야심찬 주장이 담겨 있다. 그러나 1989년 월드와이드웹을 창시한 팀 버너스리Tim Berners-Lee는 30년이 지난 2019년, 소외된 소수에게 기회를 주며 생활을 편리하게 했던 웹이 이제는 사기와 증오를 비롯한 범죄의 도구가 되었다며 한탄했다. 기술철학자 베르나르 스티글레르Bernard Stiegler는 디지털 테크놀로지가 본성상 파르마콘pharmakon(독이 될 수도 있고 약이 될 수도 있는 독당근)이라고 경고했다.

디지털 테크놀로지는 파르마콘, 즉 약인 동시에 독이다. 마케팅이라는 목적과 단기적 이윤만을 위해 이용된다면 그것은 서서히, 그러나 확실하게 우리의 육체와 영혼을 사멸시키고 우리를 빈민화하는, 다시 말해 우리 자신의 능력을 박탈하고 우리의 앎, 할-줄-앎과 살-줄-앎을 조직적으로 파괴하는 무시무시한 보조 수단이 될 것이다.[15]

스티글레르에 따르면 디지털 기술의 자동화된 알고리즘은 한편으로는 삶을 편리하게 해 주고 더 나은 삶을 창조하는 데 기여할 수 있지만, 다른 한편으로는 오히려 삶에 대한 주의attention를 상업적으로 포획하면서 문화 창조의 공유와 계승의 회로를 차단할 수 있다.

디지털 기술은 빅테크 기업들과 같은 소비 자본주의 생산자들에게 막강한 힘을 부여한다. 이들은 엄청난 수의 소비자나 사용자의 데이터를 채굴하여 이들의 욕망과 행위를 통제할 뿐만 아니라, 디지털 환경에 노출되어 있는 어린이와 젊은이들의 주의를 상업적으로 포획하여 교육을 통해 전승되는 지식을 내면화할 시간과 사유 능력을 빼앗는다. 글쓰기의 자동 완성과 자동 교정 기능이 어휘력 부족이나 맞춤법에 맞는 쓰기 능력의 하락을 촉진하듯이, 빅데이터와 인공지능의 결합 시스템으로 구축된 편리한 자동화 환경이 정보를 이해하고 해석하며 번역하는 데 요구되는 지성의 활동을 약화한다.

2022년 장안의 화제로 떠오른 인공지능 자동화 기술은 더 위협적이다. 인공지능연구재단 오픈AI에서 개발한 대화형 인공지능 챗봇 챗GPT-3은 무엇이든 주문하는 대로 뚝딱 그럴듯한 결과물을

---

15   베르나르 스티글레르, 아리엘 키루, 『고용은 끝났다, 일이여 오라!』, 권오룡 옮김 (문학과지성사, 2018), 23쪽.

제시한다. 정보 찾기나 자연스러운 대화 나누기에 그치지 않고 시나 에세이 쓰기, 논문이나 보고서 작성, 게임 프로그램 짜기 등 방대한 데이터 학습에 기초해 놀라운 생산 실력을 보여 준다. 학생들이 챗GPT-3으로 작성한 과제를 제출해도 걸러 낼 길이 없을 정도다.

2022년 콜로라도 주립 박람회 디지털 아트 부문 1위를 차지한 '스페이스 오페라 극장'은 제이슨 앨런Jason M. Allen과 AI 프로그램 미드저니의 협업으로 탄생했다. 앨런은 이 작품에 붓질 하나 한 적이 없다. 다만 몇 개의 단어들을 입력했을 뿐이다. 미드저니는 이 텍스트를 단초로 빅데이터를 돌려 순식간에 몇 장의 그림을 구현해 냈고, 앨런은 그중 하나를 선택했다. 이 작품이 과연 인간의 작업인지 인공지능의 작업인지는 논란이 되었지만 분명한 것은 어느 한쪽이 없다면 그 작품은 존재할 수 없다는 점이다.

체스나 바둑 같은 게임뿐만 아니라 회화, 소설, 작곡 등 예술 창작의 분야에도 빅데이터를 학습한 인공지능의 자동화 작업이 도입되고 있다. 한 편의 독창적인 자기 글을 써내기 위해서는 수많은 습작과 독서가 기초 작업으로 필요하다. 인공지능이 창작의 이런 기초 노동을 덜어 준다면 과연 인간 예술가는 더 창의적이고 자유롭게 상상력을 발휘할 수 있게 되는 것일까? 탐색과 고민의 시간이 생략된 자동화된 지식은 더 이상 '생각'하는 것도 '이론'이라는 것도 오히려 필요 없게 만드는 것은 아닐까? 스티글레르는 알고리즘 통치성이 지배하는 자동화 사회야말로 스스로 무엇인가를 '할 줄 앎'과 자기 지성으로 '살아갈 줄 앎'이 박탈된 무능력 상태로 인류를 인도한다고 경고했다. 화려한 디지털 기술의 총합이라 할 수 있을 메타버스는 이토록 스마트한 자동화 사회의 독성을 강화할 것인가? 아니면 탁월한 자동화 기술을 활용하여 탈자동화 영역의 다양한 발명으로 인간의 잠재력을 끌어올리는 데 기여할 것인가?

가상성에서 잠재성으로

버추얼리티virtuality라는 개념은 보통 '가상성'으로 번역되지만, 철학적으로는 '잠재성'을 의미한다. '가상'으로서의 버추얼virtual은 실재real와 대립하는 것으로서, 실재가 아닌 것, 비실재unreal, 있는 그대로가 아닌 조작된 것을 의미한다. 이런 의미에서 'virtual reality'는 인공 실재, 조작된 실재다.

반면 철학적 의미에서 버추얼은 '실재'가 아니라 '현실actual'과 반대된다. 버추얼은 어원적으로 '힘' 또는 실재하지만 발휘되지 않은 '능력'을 의미하는 라틴어 'virtus'에서 유래했다. 버추얼은 아직 현실화되지는 않았지만 잠재적으로 실재하는 힘이다. 잠재적인 힘은 비실재로서의 가상이나 허상이 아니다. 잠재적인 힘과 이를 현실화하는 작용은 동일한 실재의 두 측면이다. 즉 실재reality는 잠재성virtuality과 현실성actuality의 두 차원을 갖는다.

아리스토텔레스는 이런 의미에서 잠재태dynamis와 현실태energeia를 실재의 두 측면으로 다루었다. 씨앗은 나무의 잠재태이며, 나무는 씨앗의 현실태다. 씨앗 속에 잠재적으로 실재하던 나무가 적합한 조건이 갖추어지면 현실화되어 현실적으로 실재하는 나무가 된다. 만물의 생성과 변화는 이렇게 잠재태로부터 현실태로 나아가는 운동 속에 있다. 아이가 자라서 어른이 되는 과정은 자신의 잠재성을 현실화하는 자기 실현의 과정이다. 장차 아이가 어떤 모습의 어른으로 자신의 잠재성을 현실화할지는 미리 결정되어 있는 것이 아니라 어른이 되어 봐야 알 수 있다. 어떤 모습의 어른으로 완성되느냐는 아이의 잠재태가 현실화되는 과정에서 어떤 변화를 겪느냐와 무관하지 않다. 잠재성의 현실화 도중에 있는 청소년기의 경험이 중요한 이유다. 이러한 의미에서 버추얼리티는 아직 현실화되지는 않았지만 잠재적인 상태로 실재하고 있는 어떤 역량이다.

앙리 베르그송은 이 '잠재성'을 '가능성'과 구별한다. 가능성possibility의 실재화realisation와 잠재성virtuality의 현실화actualisation는 다른 것이다. 가능성은 아직 실재하지 않은 것으로서, 만약 실현된다면 가능한 것과 실재하는 것의 모습은 동일한 것이다. 반면 잠재성은 아직 현실화되지 않은 것으로서, 현실화된다면 잠재적인 것과 현실적인 것의 모습은 동일하지 않다.

가령 낭만주의가 실제로 등장하고 난 이후에 거슬러 올라가 그 이전의 고전주의 안에서 이런 낭만주의의 가능성을 찾는 작업은 실재의 성질을 그대로 가능에 투사하는 것이기에 가능과 실재는 서로 닮았다. 즉 고전주의 안에서 찾아낸 낭만주의의 가능성은 이미 실재하는 낭만주의와 똑같은 것이다. 그러나 잠재적인 것과 현실화된 것은 서로 동일하지 않다. 잠재적인 것이 현실화되는 과정은 아이가 어른으로 성장하는 과정처럼 경험적 시간 속에서 질적 변화를 거치면서 창조되는 것이다. 고전주의로부터 낭만주의로 이행하는 것은 미리 결정되어 있는 것이 아니며, 고전주의가 어떤 조건과 상황 속에서 발전해 나가는지에 따라 달라질 것이었다. 잠재성의 현실화는, 꺼져 있는 컴퓨터를 켤 때처럼, 이미 다 짜여 있는 것을 단지 실행하기만 하는 것이 아니다. 화면 위에 현실화된 문장들은 머릿속의 잠재적인 생각과 똑같지 않으며, 또한 현실화된 문장이 잠재적인 생각 전부를 표현하는 것도 아니다. 현실화된 것은 실재하는 잠재적 역량의 부분적 표현일 뿐이다. 베르그송은 과거의 모든 경험이 잠재적 역량으로 축적되었다가 현재 속에 현실화되는 방식으로, 의식의 흐름이나 삶의 시간이 '지속'한다는 점을 강조했다. 삶의 지속은 과거의 기억으로 현재의 지각을 해석하며 미래의 행위를 창조해 나가는 과정, 즉 잠재성의 현실화 과정이다.

질 들뢰즈에 따르면 잠재성의 현실화는 문제를 해결하기 위해 해답을 발명해 가는 과정이다. 현실화는 이미 정해져 있는 여러 가능한 것 가운데 하나를 선택하는 것이 아니다. 시간 속에서 질적 변화의 과정을 겪어 가면서 그 해답을 만들어 가는 것이다.

잠재성은 일종의 문제 덩어리다. 씨앗이 장차 현실화될 잠재적 경향의 총체로서 문제 덩어리라면, 다 자란 나무는 이 문제를 풀어 간 시간적 흐름 속에서 도달한 하나의 해답인 셈이다. 장차 어떤 경향의 나무로 자라게 될지 결정되어 있지 않다는 점에서 씨앗에게 해답은 미리 주어져 있지 않다. 어떤 토양에서 바람과 햇빛을 어느 정도 강도로 만나느냐에 따라 씨앗의 문제는 다양한 형태의 해답으로 펼쳐질 수 있기 때문이다. 그래서 들뢰즈는 잠재적 역량이 현실화되기 위한 조건들을 잘 '배치'하는 것이 중요하다고 주장한다. 누구와, 어디서, 언제, 무엇을 하면서, 어떻게 만나느냐에 따라 나의 잠재력은 다르게 현실화할 수 있기 때문이다.

이와 같이 베르그송과 들뢰즈를 따라 버추얼리티를 가상성이 아닌 잠재성으로 이해해 보자. 메타버스처럼 현실 세계를 가상 세계로 가상화virtualization하는 작업의 의미는 무엇일까? 이 가상화는 잠재성의 현실화가 아니라 거꾸로 이미 현실화된 것을 잠재적인 상태로 되돌리는 것이다. 이것은 실재를 비실재화하는 것이 아니다. 하나의 해답으로 굳어 버린 현실을 다시 복합적인 문제의 형태로, 풍부한 잠재적 역량의 차원으로 되돌리는 것이다. 현실을 실재의 전부로 받아들이지 않고 잠재적 실재 중 일부가 현실화된 것으로 다시 보게 만드는 것이다. 이것은 현실과는 다른 현실을 꿈꾸게 하는 것이며, 다른 현실로 변화될 수 있는 역량을 재발견하는 것이다.

가령 메타버스 강의실은 대면 출석으로만 이루어지던 교육 방식을 실재하는 교육 방식의 전부가 아니라 오히려 다양하게 현실화될 수 있는 교육 방식 중 단지 한 형태에 지나지 않는 것으로 보게 만들었다. 잠재성의 현실화는 문제에서 해답으로 나아가지만, 현실성의 잠재화(가상화)는 주어진 해답에서 거꾸로 문제 자체로 이행한다. 일하고 노는 기존 삶의 방식에 대해 '왜 꼭 그런 방식이어야 하는가? 일이란 무엇인가? 어떻게 해야 즐겁게 일할 수 있는가?' 등 근원적인 문제 자체를 상기시킨다. 현실을 주어진 전부로 수용하지 않도록 현실의 잠재적 원천으로 되돌리는 것, 다른 현실을 창조할 수 있도록 잠재적 역량을 개방하는 것, 메타버스의 발명은 이런 의미에서의 가상화로 이해될 필요가 있다.

현실을 실재의 전부가 아닌 일부분으로 보게 만드는 가상화 작업은 예전에는 주로 문학의 일이었다. 인물과 스토리텔링으로 허구적 세계를 구축해 보임으로써 현실 세계를 다시 보게 만들었던 소설처럼, 메타버스 역시 디지털 이미지와 콘텐츠로 하나의 세계를 구축하며 주어진 현실과 다른 현실을 개방한다. '문자'에서 '디지털'로 기술적 도구가 발달하면서 문학적 상상력은 기술적 상상력으로 변환하고 있다.

한갓 가능성이 아닌 잠재성의 관점에서 바라보자면 디지털 이미지로 구성된 메타버스는 축적된 기술적 잠재성이 현실화된 상태이자, 동시에 새로운 미래 현실을 창조할 잠재적 발판이다. 현실 우주를 넘어서 새로운 우주로서의 메타버스가 존재해야 한다면 그것은 새로운 현실을 창조하기 위해 다양한 실험이 제공되는 공간으로서, 기존 현실에서 실현되지 못한 참여자들의 잠재적 역량을 현실화하고 모두가 공유할 만한 새로운 가치를 창조하며 더 나은 세상을 만드는 데 기여할 수 있기 때문일 것이다. 단지 눈앞의 현실을 거울처럼 반복하며 기존 현실을 연장하는 데 그친다면 그토록 많은 기술적 노력과 비용을 들여서 새로운 소비 시장을 창출하려는 것 외에 메타버스의 다른 존재 이유는 없을 듯하다.

메타버스, 약인가 독인가

화려한 디지털 기술의 총합인 메타버스는 사용자들의 자발적이고 능동적인 참여, 자유로운 창조와 공유 가치 생산의 장으로 기대를 모았지만, 실제로는 빅데이터 기반 플랫폼 자본주의의 소비 가치를 강화하는 쪽으로 발전하고 있는 듯하다. 그러나 메타버스는 기존 현실을 단순히 복사해서 연장하는 데 그치는 것이 아니라 새로운 미래 현실을 창조할 잠재적 발판이 되는 데서 존재 이유를 찾아야 할 것이다.

메타버스와

인류의 미래　가상 세계인 메타버스는 결코 탈물질화할 수 없다. 메타버스로 진입하는 헤드셋을 장시간 착용했을 때 현기증, 두통, 구토 등 사이버 멀미를 겪는 것은 디지털 아바타로서만 살아갈 수 있게 내버려 두지 않는 생물학적 신체가 존재하기 때문이다. 메타버스를 구성하는 디지털 이미지들의 배후에는 현실 세계의 수많은 다른 인간들(사용자, 설계자, 운영자, 기술자 등)만이 아니라, 기술적 행위자들(컴퓨터, AI 프로그램, VFX, VR/AR, HMD 등)과 지구 행성적 행위자들(전기, 광물질, 물, 대지 등)을 포함한 비인간들이 연결되어 있다. 미국의 디지털 아티스트 비플Beeple의 NFT 예술 작품인 〈매일: 첫 5000일〉은 2021년 3월 뉴욕 크리스티 온라인 경매에서 약 6930만 달러(약 830억 원)에 거래되었는데, 그 작품이 거래되며 배출한 탄소는 13가구가 1년 동안 사용하는 전기 사용량과 맞먹는 7만 8597킬로그램이었다.[16] 메타버스의 디지털 미술관을 운영하는 데는 블록체인 기술로 네트워킹된 컴퓨터들의 막대한 전기 사용이 불가피하다.

　디지털 기술 환경의 발달은 생명 종들과 지구 시스템의 생존을 위협하는 인류세의 환경 위기와 무관하지 않다. 컴퓨터, 태블릿 PC,

---

16　김지연, 「인류세 너머를 바라보는 미술의 상상력」, 『르몽드 디플로마티크』, 2022. 1. 28. https://www.ilemonde.com/news/articleView.html?idxno=15399 참조.

노트북, 스마트폰 등 다양한 디지털 기기 사용에서 발생하는 '디지털 탄소 발자국'이 만만하지 않다. 또한 버려진 디지털 기기들은 납, 카드뮴, 비소, 수은 등 유독 물질을 쏟아내며 공기, 물, 토양을 오염하고 있다. 디지털 대전환은 온라인 데이터 채굴만이 아니라 일명 '도시 광산urban mining'이라 불리는 광물 채굴(버려진 전자 기기들로부터 금속을 추출하여 재활용)을 새로운 산업으로 만들었다. 최신 기기로 교체하며 디지털 쓰레기를 양산하는 선진국들과 유해 물질 더미에서 금과 은을 채굴하는 저개발국들이 지구 표면에 공존하고 있다.

　　메타버스는 파르마콘이다. 현실을 더 풍요롭게 하는 잠재적 역량으로서의 가상 세계가 될 수도 있지만, 디지털 격차digital divide(디지털 기술과 정보에 대한 접근성의 불평등)를 강화하며 가상 자산을 사고 파는 화려한 3D 시장에 머물 수도 있다. 애니메이션 〈월-E〉는 먼 미래에 쓰레기 더미가 된 지구를 버리고 떠난 사람들을 대신해서 지구에 홀로 남아 쓰레기를 치우는 인공지능 로봇 이야기를 다룬다. 여기서 지구인들은 컴퓨터 모니터를 들여다보며 아바타로 가상 세계를 돌아다니느라 실제 자기 다리로 걸을 줄도 모르고 옆 사람과 눈을 마주치며 대화를 나눌 줄도 모른다. 왜 메타버스인가? 디지털 기술의 메타버스적 활용은 인류에게 과연 어떤 미래를 약속하고자 하는가? 메타버스는 아직 생성 중에 있다. 메타버스라는 잠재성이 어떤 미래로 현실화할지는, 삶에 대한 주의를 놓치지 않으면서 사회적 가치가 있는 앎의 형태를 공유할 수 있는 조건으로 메타버스 기술을 활용하려는 우리의 노력에 달려 있다.

2부

인간

4장

인공지능에게 어떤 예술을
기대할 수 있을까?

정혜윤

●
○

몸이 없는

예술가　　　2021년 2월, 한국과학기술원에서 열린 '카이스트 개교 50주년 기념식' 식전 행사에서는 매우 흥미로운 연주가 공개되었다. 무대에는 그랜드피아노 두 대가 맞물려 놓여 있었는데 무대에 올라와 인사한 연주자는 피아니스트 박종화 단 한 명뿐. 관객의 의아함을 뒤로하고 연주가 시작되었다. 연주곡은 피아노를 위해 편곡한 루트비히 판 베토벤의 〈교향곡 5번 '운명'〉의 1악장. 그런데 놀랍게도 음악이 시작되자 들리는 것은 피아노 듀엣 연주였다. 무대 위에서 건반을 두드리는 연주자는 분명 한 명뿐인데 두 대의 피아노 소리가 들리는 것이다. 귀를 의심하면서 날카롭게 무대 위를 살피던 청중의 눈이 멈춘 곳은 연주자 자리가 비어 있는 피아노 건반이다. 건반이 움직이고 있는 것이다! 연주자도 없이 신나게 눌렸다 올라오는 건반의 퍼포먼스를 바라보며 청중은 경이감을 느꼈다. 정말 신기하다. 피아노가 마법에라도 걸린 것일까? 결코 그렇지 않다. 이 피아노의 건반을 움직인 것은 마법이 아니라 인공지능 시스템이다.

박종화와 협연한 것은 인공지능 기반 피아노 연주 생성 시스템인 'VirtuosoNet'이다. VirtuosoNet은 카이스트 문화기술대학원 남주한 교수팀과 서울대학교 음악대학 박종화 교수가 삼성미래기술육성센터의 지원으로 수행한 공동 연구에 의해 탄생했다. 카이스트에서 배포한 동영상의 설명에 따르면 "AI 피아노 시스템 VirtuosoNet은 악보를 읽고 해석하여 곡의 빠르기, 음표의 세기와 길이, 페달 등 다양한 연주 표현 요소를 스스로 조절하도록 학습된 인공지능 기반 피아노 연주 생성 시스템이다."[17] 2022년 1월, VirtuosoNet은 성악가 조수미와 협연하기도 했다. 그런데 이 이벤트만큼이나 흥미로운 사실은 VirtuosoNet과 조수미와의 협연을 보도한 언론 매체들이 VirtuosoNet을 일제히 '인공지능 피아니스트'라고 부른다는 것이다.[18]

사실 연주자 없이 스스로 연주하는 건반악기로 VirtuosoNet

---

17 https://www.youtube.com/watch?v=GhMCqDXMBqw
18 다음과 같은 기사가 그 예다. https://www.fnnews.com/news/20220106143354
    9969

카이스트 무대에서 펼쳐진 사람과 인공지능의 협연

인공지능 기반 피아노 시스템인 VirtuosoNet과 피아니스트가 협연하는 모습이다. 언론은 "악보를 읽고 해석하여 곡의 빠르기, 음표의 세기와 길이, 페달 등 다양한 연주 표현 요소를 스스로 조절" 하는 VirtuosoNet을 피아니스트라 부르기를 주저하지 않았다.

이 처음은 아니다. 이미 16세기 말 자동으로 연주되는 오르간이 있었다. 이것은 각 음에 맞는 핀이 꽂힌 거대한 나무 원통을 돌려서 밸브를 조작하도록 되어 있었는데, 음에 맞는 핀이 오르간의 밸브를 누르면 지정된 음이 소리 났다.

자동오르간의 연주 방식을 피아노에 접목한 자동피아노도 있었다. 또한 19세기 중반 이후에는 종이에 구멍을 뚫은 긴 두루마리를 만들어 돌려 건반이 눌리도록 하는 방식의 자동피아노가 제조되어 1920년대 중반까지 커다란 인기를 끌었다. 그런데 자동오르간이나 자동피아노를 오르가니스트나 피아니스트라고 부르는 일은 생산 당시에나 지금이나 결코 없었다.

그렇다면 VirtuosoNet은 어떠한가? 왜 언론 매체들은 이 시스템을 피아니스트라고 부르기를 주저하지 않는가? VirtuosoNet이 기계보다 사람 쪽에 더 가깝기 때문인가? VirtuosoNet은 확실히 자동오르간이나 자동피아노보다 훨씬 더 똑똑하다. 그렇다면 VirtuosoNet을 기계보다 사람에 가깝게 만들어 주는 것은 바로 이 똑똑함인가? 카이스트 무대 위에서 피아노 듀엣을 연주한 피아니스트는 한 명인가 두 명인가? 한 가지 사실은 분명하다. 적어도 몸을 가진 연주자는 무대 위에 한 명뿐이라는 것이다.

몸이 없는 예술가로 연주자만 있는 것이 아니다. 몸이 없는 작곡가도 있다. 미국 산타크루스 소재 캘리포니아대학의 데이비드 코프David Cope 교수진이 1990년대에 개발한 인공지능 작곡 프로그램 에밀리 하웰Emily Howell이 그 예다. 〈어둠으로부터, 빛〉이라는 이름의 음반을 시작으로 2009년 2월 이래 여러 장의 앨범을 발매하기도 한 에밀리 하웰은 바흐, 모차르트, 베토벤, 말러 등 특정 작곡가의 작품들을 학습하고 분석한 뒤 그의 스타일대로 음악의 요소들을 조합하여 새로운 음악을 만들어 낸다. 해외에만 있는 것이 아니다. 국내에는 광주과학기술원 안창욱 교수가 개발한 인공지능 작곡 프로그램 이봄EvoM이 있다.

그런데 사람들이 잘 의식하지 못하는 이상한 사실이 있다. 인공지능 프로그램인 에밀리 하웰과 이봄 모두 사람의 이름을 가지고 있다는 점이다. 사실 '이봄'이라는 이름은 이 프로그램이 진화evolutionary 알고리즘의 탐색 기법에 따라 곡을 만든다는 사실로부터 유래한 것인데, 언뜻 듣기에 마치 이李씨 성에 봄이라는 순우리말 이름이 붙은 인간 작곡가 같은 인상을 준다.[19]

이봄의 경우는 여기서 한걸음 더 나아간다. 이봄은 얼굴과 프로필을 가지고 있다. 아름다운 얼굴을 가진 이봄은 2023년 스물네 살로, 데뷔 8년차다. 더군다나 인간과 함께 해마다 나이도 먹는다. 그런데 사람들은 이봄이 3분짜리 곡을 15초면 뚝딱 작곡해 낸다는 놀라운 사실에 주목하느라 이봄이 굳이 아이돌 같은 외모를 가질

19　실제로 한국음악저작권협회는 그간 저작권료를 받아 오던 이봄에게 2022년 10월 돌연 저작권 지급 중단을 선언했는데, 협회 측의 이유는 이봄이 인공지능 프로그램이라는 사실을 몰랐다는 것이다. 우리나라 저작권법 제2조 1호에 따르면 "인간의 사상 또는 감정을 표현한 창작물"만이 저작물로 인정된다. 협회 측이 이봄을 사람으로 착각한 정확한 이유는 알 수 없지만 그 이름도 한몫했을 것이라고 추측할 수 있다.

필요가 있는지에 대해서는 별로 의문을 품지 않는다. 이봄이 작곡하는 데 아이돌 같은 얼굴은 전혀 필요하지 않은데도 말이다.

그렇다면 이봄의 형상은 무엇 때문에 만들어진 것인가? 사람 같은 이름을 통해 에밀리 하웰과 이봄이 얻는 것은 유사 인격이다. 이 유사 인격의 이미지는 이봄의 경우 얼굴과 프로필을 통해 더욱 강화된다. 카이스트의 연주회에 앞서 2020년 10월에는 작고한 피아니스트 아르투르 루빈스타인Artur Rubinstein이 생전에 남긴 연주 기록 자료를 인공지능 기술로 복원해 자동 연주 피아노를 통해 재현한 무대가 상명대학교에서 펼쳐졌다. 보이지 않는 거장의 연주에 맞추어 협연한 상명대학교 오케스트라의 한 단원은 연주자 없이 연주되는 피아노에 대한 첫인상을 "무섭다"라고 표현했다.[20] 이러한 소감은 독특한 것이 아니다. 카이스트의 연주회 동영상을 본 많은 사람들도 대체로 비슷한 반응을 보인다. 심지어 "징그럽다"라고 한 사람도 있다. 왜 혹은 무엇이 무섭고 징그러운 것일까? 우리는 이봄이 얼굴을 갖게 된 이유를 바로 이러한 반응에서 찾을 수 있을지도 모르겠다.

몸을 입은 인공지능 예술가,
감정의 영역에 도전하다　　　인공지능은 더 이상 우리에게 낯설지 않다. 아니 이제는 인공지능이 없으면 우리 삶이 상당히 불

20　https://www.youtube.com/watch?v=dTvR3eKPFI0&t=3s

편해질 것 같다는 생각마저 들 정도다. 내 손으로 직접 검색하지 않아도 날씨가 어떤지, 미세먼지 농도가 얼마나 되는지 금방 알려 주고 사전을 일일이 들여다볼 필요 없이 척척 번역을 해 주는 친절한 인공지능 비서, 내가 좋아할 만한 음악을 기가 막히게 선별해서 추천해 주는 스트리밍 서비스, 신고 접수에 즉시 응답해 주는 상담톡, 고속도로를 통과하는 출근길에 액셀러레이터를 계속 밟는 수고를 하지 않아도 되게 해 주는 자율 주행 기능이 갑자기 사라진다면 우리의 일상은 꽤 귀찮아지고 번거로워질 것만 같다. 인공지능은 이제 거부할 수 없는 것을 지나 포기하고 싶지 않은 우리 삶의 동반자가 되어 가고 있다.

그런데 인공지능에 대한 우리의 감정은 조금 복잡하다. 인공지능이 제공하는 편리함에 푹 빠져 있으면서도 그것이 우리 삶 곳곳에 파고드는 것을 마냥 반기지는 못하는 것이다. 세계경제포럼은 2016년 1월에 발간한 보고서 「직업의 미래」에서 2020년까지 선진국 15개국에서 710만 개의 일자리가 사라지고 200만 개의 일자리가 새로 생길 것이라고 예측했다. 그리고 한국고용정보원에서는 2017년 「기술 변화에 따른 일자리 영향 연구」에서 2025년이 되면 인공지능과 로봇 기술의 발전에 따른 자동화로 인해 국내 취업자의 61퍼센트, 즉 1600만 명 이상의 사람들이 일자리를 잃을 수 있다는 전망을 내놓았다. 이러한 불길한 예측에 사람들은 즉각 위협을 느낀다. 우리가 설 자리가 점점 줄어들어 결국 내 자리마저 없어질지 모른다는 불안감이 엄습하는 것이다. 그렇다면 다음 행보는 뻔

하다. 절대로 빼앗기지 않을 자리, 인공지능이 결코 침범할 수 없는 영역을 필사적으로 찾는 것이다.

2016년 3월 한국고용정보원이 발표한 주요 직업군 400여 개의 직무 대체 확률을 보면 인공지능과 로봇 기술 등에 의한 자동화 대체 확률이 낮은 직업으로 '감성에 기초한 예술 관련 직업'이 꼽힌다. 1위는 화가와 조각가, 2위는 사진 작가, 3위는 작가 및 관련 전문가, 4위는 지휘자 · 작곡가 · 연주자, 5위는 만화가, 6위는 무용가, 7위는 가수, 8위는 메이크업 아티스트 등 상위 15위까지 모두 예술가가 차지하고 있다. 이러한 결과에 아마도 대부분의 사람들은 고개를 끄덕일 텐데, 이는 수긍의 표현인 동시에 적어도 이 영역만은 인공지능이 침범하지 못하리라는 안도감 혹은 바람의 누설이기도 하다. 어쩌면 루빈슈타인의 연주를 복원한 자동피아노가 '무섭고' VirtuosoNet에 의한 자동 연주가 '징그러운' 이유도 여기에서 찾을 수 있을지 모른다. 우리의 마지막 보루가 무너질 것만 같은 위협감이 느껴지기 때문이다.

그렇다면 예술 분야의 인공지능은 모두 무섭고 징그러운 것일까? 오히려 그 반대다. 2017년 국내 무대에도 올랐던 블랑카 리Blanca Li 컴퍼니의 작품 〈로봇〉에 출연하는 로봇들은 마냥 귀엽고 사랑스럽다. 이 춤 공연에는 여덟 명의 인간 무용수와 더불어 일곱 대의 로봇 무용수가 출연하는데, 이 로봇들은 저마다의 개성을 자랑하며 관객들의 눈길을 사로잡았다. 가령 로봇 무용수 가운데 하나인 '나오로봇'은 키 61센티미터의 귀여운 외관과 몸짓으로 큰 인기를 누렸다.

귀여움으로는 일본의 '로보혼RoBoHoN'도 뒤지지 않는다. 로보혼은 일본의 샤프사가 2016년에 개발하여 공급하고 있는 로봇형 스마트폰이다. 19.5센티미터의 키를 가진 로보혼들은 도쿄의 가전 양판점인 '쓰타야가전'에서 연주회를 했는데, 일렬로 정렬하여 서로 눈을 맞추며 연주하는 모습이 저절로 미소 짓게 했다. 아동 혹은 소형 인간과 같은 모습과 동작을 보여 주는 이러한 로봇들은 다가가서 말 걸고 쓰다듬고 안아 주고 싶은 충동을 불러일으키기에 충분하다. 이들이 우리 인간을 밀어내고 우리 자리를 빼앗을지 모른다는 불안감은 어느새 자취를 감추고 만다. 이봄에게 아름다운 얼굴이 필요했던 것은 어쩌면 이 때문인지도 모른다.

다시 한국고용정보원의 조사 결과로 되돌아가 보자. 사실 여기에는 두 가지 믿음이 개입되어 있다. 첫째, 예술이란 감성에 기초하는 것이며, 둘째, 인공지능은 감성적인 작업을 할 수 없다는 믿음이다. 그런데 우리의 믿음과는 반대로 감정의 영역에 대한 인공지능의 도전은 점점 확장되어 가고 있다. 2004년 일본 후쿠오카에서 있었던 '세계 로봇 선언'에서는 "차세대 로봇은 인류와 공존하는 파트너가 될 것이며, 인류를 신체적이고 심리적으로 보조하게 될 것"이라고 선포하기도 했다. 대표적인 것이 바로 사교 로봇이다.

사교 로봇에 대한 명확한 정의는 아직까지 제시된 바 없으나, 일반적으로 그것은 인지 능력과 사회적 교감 능력을 토대로 인간과 상호작용을 함으로써 사회적 기능을 수행하는 로봇으로 이해되

블랑카 리의 〈로봇〉 공연 장면
인간 무용수들과 로봇 무용수들을 통해 춤과 기술의 만남을 보여 준 이 공연에서 로봇들은
귀엽고 사랑스러운 모습으로 큰 인기를 누렸다. 로봇이나 인공지능을 소재로 한 영화에서
흔히 보게 되는 디스토피아적 색채는 전혀 찾아볼 수 없다. 〈로봇〉은 2013년에 초연된 이래
전 세계 60개 이상의 도시에서 공연되었다.

고 있다. 소니에서 1999년에 처음 출시한 뒤 15만 대의 판매량을 기록하고 2017년에 재출시한 로봇 강아지 '아이보Aibo', 소프트뱅크가 IBM의 인공지능 '왓슨'을 탑재하여 사람의 표정과 목소리 변화를 감지해 가며 말을 건넬 수 있도록 제작한 '페퍼Pepper,' 2017년에 '최초의 가족용 로봇'이라는 수식어를 달고 시판된 신시아 브리질Cynthia Breazeal의 '지보Jibo'가 그 예다. 아직까지는 사교 로봇이 대중화되었다고 말할 수 있는 단계는 아니지만 외로운 노인들에게, 정서적 돌봄을 필요로 하는 어린이들에게, 심리적 지원이 절실한 청소년들에게, 혹은 우울증으로 힘들어하는 성인들에게 사교 로봇이 앞으로 미칠 영향력이 무시할 수 없는 수준이 될 것임은 부정하기 힘들어 보인다.

이러한 전망에는 근거가 있다. 2014년 3월, 소니사는 부품 부족을 이유로 아이보에 대한 수리 서비스를 중단했다. 아이보를 가진 사람들은 이에 큰 어려움을 호소하고 애호가 모임을 통해 정보를 교류하거나 부품을 직접 구매하는 등 자구책 마련에 나섰다. 당시의 보도에 따르면 한 노부인은 "자녀가 없는 상황이라 아이보를 딸로 여겨 왔다", "아이보와 매일 대화하고 같이 여행도 하고 옷도 맞추어 입혔다"라고 하며 안타까워했다. 이 노부인은 부부 중 더 오래 사는 사람이 아이보도 함께 화장해서 내세에서 다시 만나기로 약속했다고 밝히기도 했다.[21] 이는 사교 로봇이 감정적인 교류에 얼

---

21   https://m.khan.co.kr/world/world-general/article/201502121601331#c2b

마나 성공적일 수 있는지를 보여 주는 단적인 사례다. 사교 로봇은 어떤 감정도 느낄 수 없다는 사실이 여기에서는 그리 문제 되지 않는 것 같다.

사실 인공지능은 감성적인 작업을 수행할 수 없다는 믿음의 바탕에는 감성적인 작업을 성공적으로 수행하기 위해서는 감정을 몸소 느낄 줄 아는 역량이 필수적이라는 또 다른 믿음이 깔려 있다. 그런데 아이보의 성공은 이러한 믿음이 옳지 않다는 것을 분명히 보여 준다. 사실 반대의 믿음, 즉 감정을 몸소 느낄 수 없더라도 감성적인 작업을 충분히 성공적으로 수행할 수 있다는 믿음이 없었다면 사교 로봇은 개발 자체가 불가능했을 것이다.

세계 최초의 사교 로봇으로 알려진 MIT의 키즈멧Kismet은 인정, 금지, 관심, 위안, 중립의 상황을 인식한 뒤 상황에 맞게 반응하도록 만들어졌다. 이는 키즈멧의 제작진이 '인식'과 '반응'만으로도 감정적인 기능이 충분히 수행될 수 있을 것이라는 믿음을 가지고 있었음을 보여 준다. 키즈멧의 뒤를 이어 출현한 사교 로봇들에서 이 인식과 반응의 기본 메커니즘이 그대로 유지되고 있고, 아이보와 같은 사교 로봇이 이러한 메커니즘을 토대로 사회적인 교감과 애착 관계를 형성하는 데 성공했다는 사실은 정서에 대한 체험 없이 '인식'과 '반응'만으로도 사교 로봇이 제 기능을 다할 수 있다는 것을 보여 준다. 이것은 어떻게 가능한 것일까? 이에 대한 단초를 우리는 인류학자 캐슬린 리처드슨Kathleen Richardson의 분석에서 찾을 수 있다.

키즈멧의 성공은 키즈멧 자체가 행하는 것 덕분이 아니라 우리가 키즈멧에 부여하는 것 덕분이다. 과학자들이 한 일이란 키즈멧이 무작위적인 일련의 행동을 할 수 있도록 해 준 것뿐이다. 모든 생각과 느낌, 활동, 의도를 키즈멧에 부여한 것은 다름 아닌 '나'였다.

키즈멧을 탄생시킨 MIT 실험실의 한 관계자는 키즈멧의 성공 요인으로 인간과 비슷하게 보이는 것에 잘 속는 인간의 성향을 지목했다. 로봇은 어떤 조그만 단서에도 대상을 의인화하려 드는 인간의 성향을 이용하고 있으며, 이를 위해서는 단지 두 개의 눈과 하나의 입이면 충분하다는 것이 그의 주장이다.[22]

이러한 주장이 일리가 있음은 박물관에서 길을 안내하거나 레스토랑에서 음식을 서빙하는 로봇들의 외관에서 금방 확인된다. 많은 경우 이러한 로봇들은 거기에 탑재된 환경 인식 센서나 카메라와 별개로 눈이 표현되어 있으며, 사람의 팔다리를 흉내 낸 모습을 하고 있다. 물론 사람의 의인화 성향을 자극하여 로봇과 사람 사이

---

22 https://www.youtube.com/watch?v=8KRZX5KL4fA. VirtuosoNet에 '인공지능 피아니스트'라는 이름이 부여된 것도 어쩌면 어떤 작은 단초로라도 대상을 의인화하려고 하는 인간의 성향 때문인지도 모르겠다. VirtuosoNet이 인간 피아니스트와 유사한 결과물을 산출한다는 것은 그러한 단초로서 충분할 것이다. VirtuosoNet의 연주는 자동오르간이나 자동피아노의 연주보다 확실히 훨씬 표현적이고 자연스러우며, 인간 피아니스트의 연주에 더 가깝다. 물론 다른 가능성도 있다. 무엇이건 과장하기 좋아하는 언론 매체에서 마치 인간 피아니스트가 곧 인공지능으로 대체되기라도 할 것처럼 호들갑을 떤 결과일 수도 있다.

에 원활한 상호작용이 이루어지게 하기 위한 것이다. 이러한 전략이 서비스 로봇들에서만 활용되는 것은 아니다. 우리는 이미 인공지능 작곡 프로그램 이봄에게 사람의 이름과 형상, 프로필이 부여된 것을 보았고, 나오로봇과 로보혼이 인간과 같은 모습으로 크게 사랑받았음을 보았다.

2016년 미국 듀크대학 근처에서 열린 무그페스트Moogfest[23]에 출연한 인공지능 로봇 '시몬Shimon'의 연주 모습은 이와 관련하여 더욱 시사적이다.[24] 미국 조지아공과대학교의 음악기술센터가 12년에 걸쳐 개발한 시몬은 기계 학습 프로그램을 활용하여 여러 음악 스타일로 연주할 수 있도록 제작된 인공지능이다. 시몬은 팔이 네 개인 것만 제외하면 인간과 비슷한 상체를 가지고 있는데, 마림바를 연주하는 시몬의 몸짓은 인간과 매우 유사하다. 시몬은 인간 연주자와 눈을 맞추는가 하면, 마치 인간 연주자가 연주를 마치기를 기다리기라도 하듯 인간 연주자 쪽을 향해 가만히 서 있다가 바로 이어서 연주를 하기도 한다. 가장 인상적인 부분은 마치 인간이 리듬을 타는 것처럼 시몬이 리듬에 맞추어 상체를 흔들어 대는 장면이다. 사실 시몬의 마림바 연주에 이러한 '사람처럼 보이는' 움직임과 몸짓은 전혀 필요하지 않다. 그저 정확한 지점에서 소리를 내기만

---

23   해마다 혹은 격년에 한 번 노스캐롤라이나 더럼에서 열리는, 음악과 기술을 접목한 페스티벌.

24   https://youtu.be/U7jf3MYL3Xg

하면 될 따름이다. 시몬의 이러한 모든 동작은 오로지 감상자와의 교감을 위한 것이다. 사람 같은 몸짓 덕분에 실제로 시몬은 무그페스트에서 커다란 호응을 받았다.[25]

인공지능 예술, 어떻게 볼 것인가

그렇다면 인공지능 예술 프로그램은 인간의 몸을 입음으로써 예술의 영역에 진입하는 데 결국 성공한 것인가? 그런 것 같지 않다. 아이보를 '딸처럼' 사랑한 노부인은 아이보가 감정을 느낄 수 없다는 것을 잘 알고 있었을 것이다. 그럼에도 불구하고 아이보에 대한 노부인의 애정은 식지 않았다. 예술에서는 다르다. 예술에 대한 사람들의 태도는 그것이 감정을 몸소 느낄 수 있는 인간에 의한 것이냐 아니면 그렇지 못한 인공지능에 의한 것이냐에 따라 극명하게 갈린다. 카이스트의 연주회를 본 대부분의 감상자들은 VirtuosoNet의 연주가 무미건조하다고 말한다. 만약 영상을 제시하지 않은 채 연주만 들려준다면 어떤 결과가 나올까? 우리는 관련 연구에서 답을 얻을 수 있다.[26] 이 연구에서는 인공지능 작품이라는 사실에 대한 인지 여부가 예술 작품의 감상과 평가

---

25 아이보에 대한 노부인의 애착과 시몬에 대한 관객의 친근함은 '일라이자Eliza 효과'로도 설명될 수 있다. 일라이자 효과란 컴퓨터 프로그램이나 인공지능의 행위를 무의식적으로 의인화하여 이에 인격을 부여하는 현상을 가리킨다.

26 유혜수 등, 「인공지능 미술 작품이라는 사실의 인지 여부가 감상자의 작품 평가에 미치는 영향」, 『한국HCI학회 논문지』 15/2(2020), 73~85쪽.

에 어떤 영향을 미치는지 알아보기 위해 피실험자를 '인지' 그룹과 '비인지' 그룹으로 나누고 동일한 인공지능 미술 작품 열 개를 감상하게 했다. 실험 결과 비인지 그룹이 작품들을 더 높이 평가했고, 호감도, 감정이입도, 작품 의도, 작품 가치에 대한 점수도 비인지 그룹에서 더 높이 나타났다. 또한 인지 그룹은 제시된 작품들에 감정과 의도가 없다고 생각하는 경향을 보였다. 어떤 연주를 듣고 상당한 감동에 젖었다가 그것이 인공지능에 의한 연주라는 것을 알게 된 후 감동이 깨져 버렸다는 고백을 우리는 심심치 않게 듣는다. 이 연구는 이러한 경험을 확인해 준다.

인공지능 예술에 대한 저평가는 예술 분야의 인공지능이 인간의 몸을 입고 나타난다고 해서 크게 달라지지 않는 것 같다. 인간의 몸을 입은 인공지능 예술가는 더 이상 무섭거나 징그럽지는 않지만 그가 귀엽고 친근해 보인다는 사실이 그의 예술을 감동적인 것으로 바꾸어 놓는 것 같지는 않다. 나오로봇과 로보혼, 시몬은 우리의 눈길을 사로잡지만 이들은 그저 흥미롭고 그럴듯할 뿐이다. 이들에 대한 평가는 대체로 여기에서 더 나아가지 않는다. 도대체 왜 그럴까?

사교 로봇의 성공은 자동화 대체 가능성이 높은 직업과 낮은 직업에 대한 한국고용정보원의 조사 배후의 한 가지 믿음, 즉 인공지능은 감성적인 작업을 할 수 없다는 믿음이 옳지 않음을 보여 준다. 이제 남은 것은 한 가지, 예술이란 감성에 기초하는 것이라는 믿음이다. 예술은 예술가가 몸소 체험한 감정의 표현이라는 것이다. 이때 감정이란 개개인에게 고유한, 매우 주관적이고 내밀한 심적 상태를 가리킨다. 만약 이 믿음이 옳다면 인공지능은 예술 행위를 할 수 없다는 결론이 나온다. 인공지능은 인간의 몸을 갖고 있지 않기에 인간처럼 감정을 느낄 수 없기 때문이다. 인공지능이 예술 행위를 한다 하더라도 그것은 그저 유사 예술일 뿐 적법하며 진정한 예술일 수 없다. 사실 VirtuosoNet의 연주는 그리 무미건조하지 않다. VirtuosoNet은 셈여림, 템포, 페달, 음길이 등 연주의 표현적 요소를 고려하여 인간 피아니스트처럼 표현력 있는 연주를 할 것을 목표로 기획되었고, 이러한 목표를 일정 정도 달성한 것으로 평가된다. 그러나 예술은 예술가가 느낀 감정의 표현이라는 믿음에 따르면 VirtuosoNet의 연주는 가짜 예술, 흉내 내기에 불과하다. 그렇다면 이러한 믿음은 과연 타당한 것인가?

사실 이러한 믿음은 난데없는 것이 아니다. 그 뿌리는 오히려 굉장히 깊다. 오늘날 우리가 예술의 한 분야로 여기는 시와 음악과 춤을 고대인들은 영감의 소산으로 여겼다. 합리적인 계획과 계산, 규칙에 따른 활동이 아니라는 것이다. 고대에는 원시적인 형태의 시와 음악, 춤이 서로 분화되지 않은 채 통합된 '코레이아choreia'라는 활동이 있었는데, 이 활동을 통해 고대인들은 '엔토우시아스모스enthousiasmos'라는 접신 상태에 빠져 신과 교감했던 것으로 전해진다. '예술'이라는 용어와 개념이 확고하게 자리 잡은 것은 18세기 후반에 이르러서이지만 오늘날 예술로 분류될 만한 고대의 활동이 신체적 공명의 표현으로 여겨졌다는 것은 주목할 만한 일이다. 더욱이 고대의 영감론은 19세기에 낭만주의 영감론으로 화려하게 부

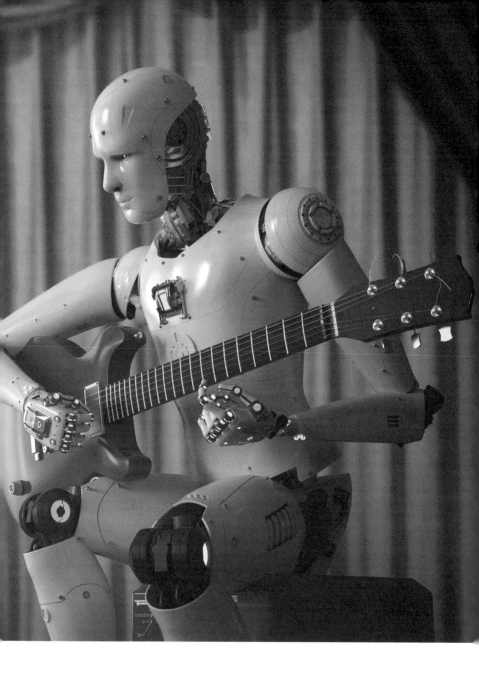

인공지능 예술은 유사 예술에 불과한가

예술이란 예술가가 몸소 체험한 감정의 표현이라는 우리의 뿌리 깊은 믿음이 건재하는 한 인공지능이 설 자리는 분명 없다. 그러나 과연 예술은 인공지능으로 대체될 수 없는 '신성한' 영역으로 굳건히 남을 것인가?

활하면서 예술에 대한 우리의 사고에 분명한 족적을 남겼다.

예술이란 예술가가 몸소 체험한 감정의 표현이라는 생각이 보다 정교하고 세련된 모습으로 출현한 것은 20세기의 '표현론'에서다. 표현론에서는 예술 작품을 예술가가 작품에 표현된 정서를 경험했다는 증거로 본다.[27] 표현론에 따르면 예술가는 작품이 완전히 구현되기 전까지는 자신이 표현하고자 하는 감정이 무엇인지 명확히 알지 못한다. 예술가는 예술 작품을 완성해 나가는 과정을 통해 모호했던 자신의 감정을 비로소 명확하게 인식하게 되며, 예술 작품은 예술가의 감정을 분명하게 해명해 준다. 그리고 감상자는 작품을 감상함으로써 예술가가 겪은 감정을 직접 경험하고 이해한다. 이러한 과정을 통해 결국 예술가와 감상자 사이에는 깊은 감정적인 소통과 교감, 혹은 레프 톨스토이의 어법을 따르자면 '공감' 혹은 '감염'이 일어나게 된다.[28] 최근에는 표현론을 개정한 '신표현론'이 제안되기도 했는데, 이러한 사실은 예술이 예술가가 몸소 겪은 감정의 표현이라는 직관이 오늘날에도 살아 있음을 보여 준다.[29] 이러한 직관에 따르면 인공지능이 예술 분야의 적법한 일원으로 받아들여질 가망성은 거의 없어 보인다. 인공지능이 인간처럼 감정을 체험하기란 불가능하니 말이다.

---

27 표현론을 대표하는 학자들로는 레프 톨스토이, 로빈 콜링우드, 베네데토 크로체, 수전 랭거 등을 들 수 있다.

28 레프 톨스토이, 『예술이란 무엇인가』, 이철 옮김(범우사, 2019).

29 Jenefer Robinson, *Deeper than Reason*(2005).

그렇다면 결국 예술 분야는 자동화 대체 확률이 낮은 직업으로 굳건히 남을 것인가? 예술이 '느껴진 감정'의 표현인 한 예술 분야에서 인공지능이 설 자리가 없을 것임은 분명하다. 그러나 이야기는 여기에서 끝나지 않는다.

예술과 감정에 대한
또 다른 이야기

예술의 본질은 감정의 표현에 있다는 직관은 오늘날 예술계에서 강력한 영향력을 행사하고 있는 또 하나의 뿌리 깊은 직관을 은폐하려는 경향이 있다. 예술의 본질은 감정의 표현에 있다는 직관에 정확히 반대되는, 즉 예술의 본질은 결코 감정의 표현에 있지 않다는 직관이 바로 그것이다. 이러한 직관은 때로는 예술과 감정 간의 연계에 대한 무관심을 통해 간접적으로, 그리고 때로는 예술의 본질이 감정의 표현에 있다는 주장에 대한 강력한 비판을 통해 직접적으로 표출되어 왔다.

고대에 영감에 의한 활동으로 여겨졌던 시, 음악, 춤과 달리 오늘날 조형예술로 분류되는 회화, 조각, 건축은 고대에 테크네techné에 의한 활동으로 여겨졌다. 이것들은 '앎'에 바탕을 둔 합리적인 활동으로서, 인간에 의해 설명되고 학습될 수 있으며 그 결과물을 계획하고 예측할 수 있는 것으로 생각되었다. 테크네 활동으로는 회화, 조각, 건축 외에 의술, 농사술, 목공술, 방적술 등도 있었다.

오늘날의 기술 개념에 가까운 테크네 활동에 감정의 표현에 대한 요구는 전혀 없었다. 테크네의 핵심은 감정의 표현이 아니라 '모방'에 있었는데, 예술의 본질을 모방으로 보는 관점은 고대로부터 적어도 18세기 후반에 이르기까지 이런저런 부침을 거치면서 예술에 대한 사고를 강력하게 지배해 왔다. 각각 별개의 활동으로 여겨져 오던 시, 음악, 회화, 조각, 건축 등을 18세기 후반에 예술이라는 동일한 범주로 묶어 준 것도 바로 모방이라는 원리였다.[30] 예술의 본질이 감정의 표현에 있지 않다는 적극적인 주장은 모방론을 대신해 표현론이 득세한 이후 그것에 대한 반작용으로 나타나기 시작했다. 대표적인 분야가 음악이다.

음악은 전통적으로 감정과의 연계가 가장 깊은 예술 장르로 여겨져 왔다. 이는 음악이야말로 정서에 가장 직접적이면서도 강력한 영향력을 행사하는 것 같다는 직관 때문일 것이다. 그러나 18세기 후반 감정과다주의Empfindsamkeit의 시대를 지나 19세기 중반에 이르면서 음악의 본질은 감정에 있지 않다는 강력한 주장이 대두되었다. 이러한 주장을 대표하는 에두아르트 한슬리크Eduard Hanslick는 "음으로 울리는 움직임의 형식들Tönend bewegte Formen"이야말로 음악의 전부라고 선언했다.[31] 한슬리크는 음악을 들으며 깊은 감정에 빠져드는 것을 "병적인 청취"로 규정하고, 음악이 환기하는 감정에서 음악의 본질을 찾는 것은 포도주에 취하는 것에서 포도주의 본질을 찾는 것이나 마찬가지라고 비난했다. 주관적인 감정을 배제하고 음

---

30   Charles Batteux, *The Fine Arts Reduced to a Single Principle*(2015).

31   에두아르트 한슬리크, 『음악적 아름다움에 대하여』, 이미경 옮김(책세상, 2006).

악의 구조에 주목할 것을 주장하는 한슬리크의 관점은 형식주의라는 이름으로 계승되어 논리실증주의와 더불어 오늘날 음악에 대한 사고와 담론에 지대한 영향력을 행사하고 있다.[32]

논리실증주의는 수학과 언어의 논리적 구조를 파악함으로써 지식의 논리적 토대를 밝히고, 철학적 명제를 그 논리적 인자들로 분해하고 환원함으로써 철학의 난제를 해결하고자 했던 사조다. 과학적인 타당성과 입증 가능성, 형식논리학의 적용, 환원적인 분석을 강조하는 논리실증주의적 사고는 음악 분야에까지 영향을 미쳐 20세기 중반 이래 오늘날에 이르기까지 특히 학계를 중심으로 음악에 대한 태도에 커다란 영향력을 행사해 왔다. 음악을 개별 음과 모티브, 화음, 리듬 등 최소한의 구조적 성분들로 분해한 후 이들 사이의 관계를 파악하고, 음악 이론 체계를 정식화하여 분명한 용어로 음악을 기술하고자 하는 태도는 바로 논리실증주의의 산물이다. 주관적인 정신 현상을 거부하는 논리실증주의적 관점, 확인 가능하고 입증 가능한 음악의 구조적 요소들에 전념하는 입장에 '음악이란 예술가가 몸소 겪은 감정의 표현'이라는 생각이 들어설 자리가 없음은 물론이다.

음악적 경험에서 환기된 감정을 배제할 것에 대한 주장은 현대 미학의 담론에서도 나타난다. 음악의 정서 표현성에 관한 '인지론'

---

32 조형예술 분야에서 한슬리크의 형식주의와 맥을 같이하는 것으로는 클라이브 벨, 로저 프라이, 클레멘트 그린버그의 형식주의가 있다.

이라 불리는 이러한 견해는 분석철학자인 피터 키비Peter Kivy의 '윤곽선 이론'으로 가장 많이 알려져 있다.[33] 인지론의 주장을 이해하기 위해 키비가 예로 든 세인트 버나드 개의 얼굴을 살펴보자[34]. 사람들은 통상 세인트 버나드 개의 얼굴이 '슬프다'고 말한다. 양옆으로 늘어진 귀와 처진 눈매, 입 매무새 등이 슬픔에 처한 사람이 흔히 나타내 보이는 표정과 닮았기 때문이다. 사실 세인트 버나드 개는 본디 이렇게 생겼으므로 실제로 기분이 좋건 나쁘건 상관없이 언제나 이런 모습을 하고 있다. 그리고 우리는 이런 외관을 근거로 세인트 버나드 개가 실제로 슬픔을 느끼는지 여부와 상관없이 그 얼굴을 언제나 슬프다고 묘사한다. 또 다른 예로는 축 늘어진 버드나무 가지가 있다.[35] 버드나무 가지의 모습은 슬픔에 빠진 사람의 축 처진 모습과 닮았다. 사람들이 버드나무 가지를 흔히 '슬프다'고 기술하는 것은 바로 이 때문이다. 이 역시 버드나무가 실제로 느끼는 감정과는 전혀 무관하다.

음악도 마찬가지라는 것이 키비의 주장이다. 그에 따르면 어떤 음악이 슬프다는 사실은 그것의 작곡가가 슬픔을 체험했다거나 감상자가 그 음악을 듣고 슬픔을 느낀다는 사실과 전혀 무관하다. 음

---

33   Peter Kivy, *Sound and Sentiment: An Essay on the Musical Emotions, Including the Complete Text of the Corded Shell, The Arts and Their Philosophies*(Philadelphia: Temple University Press, 1989).

34   https://www.pinterest.co.kr/pin/549228117030977906/

35   https://www.pinterest.co.kr/pin/569986896600695490/

세인트 버나드 개의 얼굴
우리는 흔히 세인트 버나드 개의 외관을 보고 '슬픔'이라는 말로 묘사하지만, 사실 이 개는 실제 기분이 어떠하든 본디 이렇게 생긴 것일 뿐이다. 예술도 마찬가지로, 예술의 본질은 예술가가 몸소 체험한 감정의 표현에 있지 않다는 것이 인지론의 견해다.

악이 슬픔에 대한 표현성을 가질 수 있는 것은, 세인트 버나드 개의 얼굴이 사람의 슬픈 표정과 닮은 표정을 하고 있음으로써 슬프다고 적법하게 수식될 수 있는 것과 똑같은 원리로, 음악이 '슬프다'는 수식어가 적용될 만한 구조적 윤곽을 띠고 있기 때문이다. 가령 슬픔에 처한 사람이 축 늘어져 느릿느릿 걷는 것처럼 천천히 무겁게 가라앉으며 진행하는 선율선을 가진 음악은 바로 그 구조적 윤곽으로 인해 '슬픈' 음악이 된다. 반면 기쁨에 처한 사람이 펄쩍펄쩍 뛰며 빠르게 걷는 것처럼 경쾌하고 가볍게 상행하는 빠른 선율선을 보이는 음악은 '기쁜' 음악이 된다. 말하자면 슬픈 음악은 '슬픔'의 외양적인 특징을, 기쁜 음악은 '기쁨'의 외양적인 특징을 전시함으로써 슬픈 음악 혹은 기쁜 음악이 된다는 것이다. 이때 감상자는 슬픔 혹은 기쁨을 느낌으로써가 아니라 음악의 구조로부터 슬픔 혹은 기쁨의 외양적 특징을 인식함으로써 음악을 슬픈 혹은 기쁜 음악으로 간주한다. 이것은 키즈멧이나 아이보 같은 사교 로봇이 사람의 감정을 인식해 내는 방식 혹은 반대로 사람이 사교 로봇의 표현적 외관과 동작에서 감정을 인식해 내는 방식과 마찬가지다. 환기된 감정은 어디에도 매개되지 않는다.

　예술의 본질이 예술가가 몸소 체험한 감정의 표현에 있지 않다면 우리는 적어도 사교 로봇에 대해 관대한 정도만큼은 인공지능 예술에 대해서도 관대해야 할 것 같다. 그렇다면 이제 인공지능 예술에도 길이 열리게 된다. 그런데 여기가 끝이 아니다. 인공지능 예술을 향한 문은 한층 더 활짝 열릴 수 있다.

발언하는 예술들

　오늘날 우리 사회가 예술이라고 인정하는 다양한 현상 가운데 적어도 어떤 것들은 감정의 표현과 사실상 전혀 상관없다는 것은 이제 공공연한 사실이다. 가령 존 케이지John Cage의 〈4분 33초〉가 케이지가 겪은 감정의 표현이라고 생각할 사람은 아무도 없을 것이다. 〈4분 33초〉는 피아노가 놓인 무대에 피아니스트가 걸어 나와 건반은 전혀 누르지 않은 채 4분 33초 동안 피아노 앞에 앉아 있다가 퇴장하는 퍼포먼스로 이루어져 있다. 당시로서는 대단히 당혹스러웠던 이런 퍼포먼스를 케이지가 기획한 것은 음악 작품이 반드시 악기를 통해 나오는 소리로 구성되어야 할 필요는 없으며, 일상의 모든 소리가 음악 작품의 재료가 될 수 있다는 것을 보여 주기 위해서였다. 또한 음악 작품을 구성하는 소리가 작곡가에 의해 모두 미리 계획되고 구성될 필요는 없으며, 연주되는 상황과 시점에 따라 우연적으로 발생하는 간섭받지 않은 모든 소리가 작품을 구성할 수 있다는 것을 주장하기 위함이었다.

이처럼 표현 대신 발언하는 작품으로 〈4분 33초〉만큼이나 유명한 것으로 마르셀 뒤샹Marcel Duchamp의 〈샘〉을 꼽을 수 있다. 주물 공장에서 대량 생산된 남성용 변기 중 하나를 집어 와 '샘'이라는 이름을 붙여 전시회에 출품한 뒤샹의 의도는 일상의 모든 용품이 예술가의 선택에 힘입어 예술 작품으로 변모될 수 있다는 것을 보이고자 하는 것이었다. 뒤샹이 느낀 감정이나 변기의 표현적 특질은 주물 공장에서 집어 온 변기가 〈샘〉이 되는 데 아무런 기여도 하지 않았음은 물론이다.

이제는 고전적인 사례가 된 〈4분 33초〉와 〈샘〉을 뒤로하고 오늘날에는 훨씬 더 다채로운 방식으로 발언하는 많은 예술 작품들이 출현하고 있다. 세계적인 미디어 아트 학회 아르스 일렉트로니카Ars Electronica의 인터랙티브 아트 2011년 최우수상 수상작인 줄리안 올리버Julian Oliver와 다냐 바실리예프Danja Vasiliev의 〈뉴스트윅〉도 그중 하나다. '뉴스트윅'은 무선랜 라우터가 내장된 소형 단말기다. 이 단말기는 전원 플러그를 모방한 외관으로 위장되어 있는데, 인터넷 뉴스 기사를 해킹해서 원래 의미를 왜곡하여 공공 무선랜에 접속한 사용자들에게 전달한다. 정보가 조작된 사실을 전혀 모르는 사용자들은 기사의 진실성을 의심하지 않는다. 〈뉴스트윅〉은 간단한 기기만으로도 뉴스가 손쉽게 왜곡될 수 있다는 것을 감상자가 직접 체험하게 해 줌으로써 미디어의 공신력에 대해 감상자 스스로가 질문을 제기하게 만든다.

또 다른 예로는 2015년 아르스 일렉트로니카의 하이브리드 아트 전시에 설치된 헤더 듀이해그보그Heather Dewey-Hagborg의 작품 〈스트레인저 비전스〉를 들 수 있다. 듀이해그보그는 벽에 걸린 그림의 유리 틈새에 낀 한 올의 머리카락을 바라보다가 문득 '이 머리카락으로 머리카락 주인에 대해 얼마만큼 알아낼 수 있을까' 하는 의문을 갖게 되었다고 한다. 듀이해그보그는 이에 답하기 위해 거리나 화장실, 공원 등 공공장소에서 머리카락, 담배꽁초, 껌의 타액, 손톱 등의 샘플을 수집했다. 그리고 이것들로부터 DNA를 추출하고 DNA가 알려 주는 정보, 즉 성별, 눈 색깔, 피부색 등에 자신의 상상력을 더하여 이미지를 조합한 후 3D 프린터로 출력하여 누구인지 모르는 사람들의 얼굴을 재현했다. 듀이해그보그의 이러한 작업은 우리도 모르는 사이에 우리의 유전적인 정보가 수집될 수 있고 이를 통해 뜻밖의 감시와 검열이 일어날 수 있다는 섬뜩한 경고의 메시지를 던진다.

이러한 작품은 감정의 표현과는 거리가 멀다. 그러나 우리 사

해더 듀이해그보그의 〈스트레인저 비전스〉

오늘날의 예술 중에는 감정의 표현이라는 낭만주의적 패러다임에서 벗어난 것을 흔히 볼 수 있다. 듀이해그보그는 공공장소에서 머리카락, 담배꽁초, 껌, 손톱 등을 수집하여 DNA를 추출하고, 자신의 상상력을 더해 이미지를 조합하여 누구인지 모르는 사람들의 얼굴을 재현했다. 이를 통해 우리 자신도 모르게 유전자가 수집되어 감시될 수 있다는 사실을 경고한다.

회는 이것들을 예술로 간주한다. 그렇다면 인공지능은 사람처럼 감정을 느낄 수 없기 때문에 예술의 영역에 결코 들어설 수 없다는 주장은 적어도 이런 부류의 예술 작품에서는 성립하지 않는다. 만약 이런 유형의 작품을 창작할 역량이 인공지능에게 없다면 그 이유는 적어도 인공지능이 감정을 느끼지 못하기 때문은 아니라는 것이다.

포스트휴먼 예술가, 인공지능의 가능성

예술이란 예술가가 느낀 감정의 표현이라는 이른바 낭만주의적 패러다임을 포기한다면 예술의 영역에서 인공지능에게 열리는 가능성은 커진다. 첫째, 인공지능은 음악의 정서 표현성에 대한 인지론의 주장에서처럼 감정의 외적 양상, 인식 가능한 표현적 윤곽을 전시함으로써 표현적인 예술 작품을 창출할 수 있다. 둘째, 인공지능은 감정의 표현 혹은 전시와 전혀 무관한 예술 작품을 산출할 수도 있다. 그렇다면 이제 인공지능은 마치 인간의 마지막 보루인 것처럼 여겨지던 예술의 영역에서마저도 당당하고 확고한 자리를 차지하게 될 것인가?

그런데 아직까지 해결되지 않은 문제가 있다. 감동과 평가의 문제다. 어떤 작품이나 연주를 인공지능에 의한 것으로 감상할 때와 인간에 의한 것으로 감상할 때 감동과 평가의 정도는 여전히 달라지는 것 같다.[36] 이것은 감상되는 대상이 감정 표현적인 성격을

---

36 이러한 문제는 앞서 감정의 표현이라는 맥락에서 언급되었다. 하지만 이것은 더

가지는지 아닌지의 여부와는 상관없어 보인다. 이러한 문제는 예술 감상이 순전히 지각적인 문제만이 아니라는 데서 발생한다.[37] 우리는 예술 작품이 갖는 '인간적인' 가치를 높이 평가하는 경향이 있다. 인간에 의한 것인 줄 알았던 예술 작품이 인공지능에 의한 것임이 드러날 때 이러한 인간적인 가치는 훼손되기 십상이다.

　가령 우리는 투자한 시간과 수고, 노력과 정성을 높이 평가하는 편이다. 한없이 평화롭게 들리는 〈교향곡 6번 '전원'〉이 실은 베토벤이 「하일리겐슈타트 유서」를 쓰는 고통을 극복한 후 작곡한 것이라는 사실을 알게 되었을 때, 이 곡에 대한 우리의 감동과 평가가 한층 더 높아지는 것도 바로 이 때문이다. 이러한 가치를 높이 평가하려는 성향은 간혹 비합리적인 행동으로 귀결되기도 한다. 대량생산된 제품이 외관상 더 훌륭하고 쓸모가 있음에도 불구하고 더 많은 비용을 기꺼이 감수하면서 수작업 제품을 택하는 것이 그러한 경우다. 이러한 관점에서는 예술 산출에 걸리는 작업 시간을 어마어마하게 단축해 주는 인공지능의 뛰어난 효율성도 미덕이 아니라 단점이 된다.

　투자한 시간과 수고, 노력과 정서 외에 또 다른 인간적인 가치로는 '예술가와의 소통감'이 있다. 예술 작품을 매개로 예술가와 소

넓은 맥락에서도 여전히 문제로 남는다.

37　뒤샹의 작품의 경우, 우리가 그것을 '남성용 변기로서' 볼 때와 〈샘〉으로 볼 때 그것의 물리적, 지각적 속성에는 변함이 없지만 그것에 대한 우리의 경험은 달라진다. 그리고 그것에 대한 우리의 평가도 달라진다.

통한다는 느낌은 예술 감상이 주는 커다란 즐거움 중 하나다. 나와 비슷한 성정을 가진 동종의 생명체와 감정과 생각을 나누는 경험이 주는 기쁨은 실로 크다. 그런데 이러한 만족감이 인공지능에 의한 예술에서는 원천적으로 배제된다.

지금까지 예술 영역에서 인공지능의 목표는 인간 예술가의 작업과 최대한 유사한 결과를 산출하는 것이었다. 에밀리 하웰의 목표도, VirtuosoNet의 목표도 그랬다. 음악 분야의 인공지능만 그런 것이 아니다. 마이크로소프트가 바로크 시대를 대표하는 화가인 렘브란트의 작품을 컴퓨터로 구현하는 것을 목표로 네덜란드 금융 기관인 ING, 렘브란트박물관, 델프트공대와 2년 동안 협업한 결과물인 '넥스트 렘브란트The Next Rembrandt'도 마찬가지다. 이 프로젝트에서는 렘브란트의 작품 346개 모두를 디지털 스캔해서 데이터로 만들었다. 그런 다음 렘브란트 작품들의 색채와 구도, 붓질 방향, 표면의 질감 같은 특징을 인공지능 딥러닝 알고리즘을 이용하여 컴퓨터에 입력하고 3D 프린터를 통해 렘브란트 화풍의 새로운 작품을 만들어 냈다. 그 결과 산출된 '넥스트 렘브란트'는 렘브란트의 전성기인 중기의 특성을 보이는 것으로 평가받았다. 관련 업계 종사자들은 조만간 인공지능이 기존 작가의 화풍을 재현해 내는 단계를 넘어 새로운 화풍을 만드는 시대가 도래할 것이라고 전망하지만, 지금으로서는 인공지능이 개척할 새로운 화풍이 과연 어떤 것일지 구체적으로 짐작하기 어렵다. 확실한 사실은 인공지능이 점점 더 성공적으로 인간 예술가의 결과물을 흉내 내 가고 있다는 것이다.

문제는 인공지능이 아무리 인간과 유사한 결과물을 산출한다 해도 인간 예술가와 동일한 잣대를 인공지능에게 적용하는 한 인공지능에게는 부족한 부분이 반드시 남을 것이라는 점이다. '인간적인' 가치와 같은 것 말이다. 물론 우리가 오늘날 '예술'이라 부르는 모든 현상이 인간적인 가치를 반드시 진지하게 요청하는 것은 아니다. 가령 유튜브나 인스타그램 동영상의 배경음악처럼 인간적인 가치가 별로 중요하지 않은 예술에서 인공지능 예술은 인간의 예술과 동등한 기능을 충분히 수행할 수 있을 것이다. 그러나 우리가 인공지능 예술을 그저 허용하는 수준을 넘어서서 인공지능 예술에 '당당하고 확고한' 자리를 내주기 위해서는 인간적인 가치가 중요하게 개입되는 예술의 경우를 반드시 고려해야만 한다.

어쩌면 포스트휴먼 존재자인 인공지능에게 인간적인 역량과 성취를 요구하는 것부터가 잘못된 일인지도 모른다. 포스트휴먼 시대가 낳은 새로운 존재자인 인공지능이 전통적으로 인간의 영역이었던 예술 분야에 발을 들여놓을 때, 오랜 세월 동안 인간이 축적해 온 결과물을 그 출발점이자 디딤돌로 삼는 것은 불가피한 일일 수 있다. 그러나 인간 예술가를 흉내 내는 데 언제까지나 몰두한다면 인공지능 예술 작품은 인공지능에 의한 산출물이라는 이유로 평가절하되는 신세를 면하기 어려울 것이며, 예술 분야에서 인공지능은 포스트휴먼시대의 2등 시민으로 계속 머물 수밖에 없게 될 것이다. 그렇다면 예술 분야의 인공지능에 적용하기에 타당한 포스트휴먼적인 잣대란 어떤 것일까? 인간과 똑같이 의도하고 이해하고 해석하고 느낄 수 없는 포스트휴먼 존재자인 인공지능에게 우리는 과연 어떤 예술을 기대할 수 있을까?

이에 대해 섣불리 전망하기는 힘들다. 확실한 사실은 예술 분야 인공지능의 진가는 '인간처럼'이라는 수식어를 뺄 때라야 비로소 드러나리라는 것이다. 현 단계의 인공지능은 '인간처럼' 작곡하고, 연주하고, 그림 그리고, 춤추는 것을 목표로 하고 있다. 그러나 '인간처럼'이라는 수식어에 갇힐 때 예술 영역에서 인공지능이 갖는 잠재력은 결코 제대로 드러나지 못할 것이다. 인간 중심적인 사고를 내려놓고 비인간 포스트휴먼 존재자 인공지능을 편견 없이 바라볼 때라야 인공지능 예술의 고유한 가치는 그 모습을 드러낼 것이다. 그리고 이러한 가치는 인간과 인공지능 예술 간에 이루어지는 관계를 통해 비로소 생성될 것이다.

어떤 이는 우리가 굳이 인공지능 예술에 '당당하고 확고한' 자리를 마련해 줄 필요가 있는가 하고 반문할지도 모른다. 인간의 마지막 보루를 지켜야 하는 것 아니냐는 것이다. 우리는 다시 반문할 수 있다. 도대체 그 마지막 보루라는 것이 있기나 한 것이냐고 말이다. 한 가지 분명한 사실은 인공지능은 이미 우리 삶에 깊숙이 침투해 있고, 예술 영역도 예외가 아니라는 것이다. 이제 우리의 과제는 이 새로운 포스트휴먼 존재자들과 어떻게 아름다운 공생 관계를 만들어 나갈 것인가다. 인간의 보루라는 것이 만약 있다면 그것은 오직 이러한 동등한 공생 관계를 통해 결정될 것이며, 관계의 양상이 변모해 감에 따라 함께 변화할 것이다.

5장

혼성되고 디자인되는
포스트휴먼 신체

전혜숙

○

인류세의
포스트휴먼　　　포스트모던이라는 정신분열적 아우성 아래 들끓던 지난 세기말의 문화적 현상은 21세기에 들어서면서 점차 정돈되기 시작했다. 그중 뚜렷하게 수면 위로 떠오른 관심은 두 가지로 요약된다. 하나는 더욱 가속화된 디지털 기술과 생명 기술의 발전에 따라 인간과 인간 신체가 변화하며 그에 따라 삶의 방식 또한 급속도로 바뀌어 가는 것에 집중된 것이고, 다른 하나는 인간이 살고 있는 지구 행성의 기후 변화와 그것이 몰고 올 걷잡을 수 없는 파국적 미래의 예측에 대한 것이다.

　　이와 함께 현시대의 변화와 위기를 함축하는 '포스트휴먼 시대'와 '인류세'라는 새로운 명칭이 사용되기 시작했다. 두 명칭은 이 시대를 다른 관점 혹은 다른 층위에서 지칭한다. 전자는 기술에 의한 인간과 인간 신체의 변화와 관련한 것으로, 인간과 기술의 관계 혹은 '인간'에 대한 새로운 이해에 방점을 둔 것이고, 후자는 인간에 의한 기후와 지구 시스템의 변화를 강조하면서 지구 행성 혹은 비인간 존재들과 인간의 관계에 초점을 맞춘다.

『우리는 어떻게 포스트휴먼이 되었는가How We Became Posthuman』에서 캐서린 헤일스N. Katherine Hayles는 책의 제목에 'became'이라는 과거형을 사용했다. 포스트휴먼이 반드시 미래의 인간을 지칭하는 것이 아니라, 이미 우리 모두가 포스트휴먼일 수도 있음을 암시하는 이 책의 제목은, 인간이 오래전부터 기술과 맺는 관계 속에서 포스트휴먼의 가능성을 가지고 있었음을 말한다. 여기에서 인간은 의식과 사유가 가능한 정신적 주체라는 의미로 한정된 존재가 아니라, 태어나면서 신체 사용을 스스로 배워 나갈 뿐만 아니라 신체를 다른 기술로 대체하며 살아가는, 정보로 가득 찬 존재로 확장된다. 그러므로 헤일스가 포스트휴먼이라고 지칭한 '우리'는 태어나기 전부터 어느 정도 기술과 결합되어 있는 존재이고, 그녀의 설명대로 혼합물이자 이질적 요소들의 모임이며, 계속해서 경계가 구성됨과 동시에 재구성되는 물질적-정보적 개체들인 것이다.

한편 그리스어 어원의 '인류άνθρωπος, anthropos'와 새롭게 (지층에) 새겨지는 시간을 의미하는 '세καινός, cene'가 합쳐진 인류세Anthropocene라는 말은 이전에도 종종 사용된 적이 있으나 2000년부터 기후 화학자인 파울 크뤼천Paul Crutzen이 본격적으로 사용하면서 유의미해지기 시작했다. 인류가 지층의 변화를 가져올 정도로 지구에 큰 영향을 주어 지질학적으로 볼 때 홀로세Holocene를 벗어났다는 것이며, 인간이 그 원인 제공을 했으므로 인류세라고 부르는 것이 어울린다는 것이다.

　인류세라는 용어가 함축하고 있는 맥락에 대해서는 대부분의 사람들이 동의하는 듯하나, 지구 변화와 위기의 원인을 가져온 인간이 구체적으로 누구인지 불분명하다는 점을 지적하며 '자본세' 혹은 '대농장세'와 같이 인간의 경제 활동과 관련한 대안적 명칭을 제안하는 학자들도 있다. 또한 인류세의 시작을 언제로 볼 것인지에 대해서도 의견이 다양하다. 산업혁명 때 증기기관을 사용하면서 매연이 많아지기 시작한 시기, 혹은 거슬러 올라가서 농경을 통해 자연에 적극적으로 개입하기 시작한 시기, 혹은 콜럼버스가 신항로를 개척한 이후 동식물과 심지어는 전염병을 포함한 교류가 이루어지면서 전 지구적 뒤섞임이 시작된 시기 등 여러 가지 의견이 있다. 그러므로 정확하게 말하자면 21세기만이 인류세인 것이 아니다. 21세기에 와서야 사람들은 그동안 진행되어 온 인류세를 비로소 자각하게 된 것이다. 인간은 오래전부터 자연에 개입해 왔을 뿐만 아니라 지구 곳곳을 들쑤시고 다니면서 생태계를 휘저어 놓았다. 최근 생태적 거리 두기를 무시하면서 일어난 코로나19 팬데믹도 인류세 현상의 하나일 것이다.

　이 글은 그러한 변화를 표현하는 미술에 관해 이야기한다. 21세기의 새로운 관심 혹은 관점을 반영하며 나타난 미술을 세 가지 꼽아

인류세의 도래

인간은 오래전부터 자연에 개입하여 지구 곳곳을 들쑤시고 다녔다.
네덜란드의 기후 화학자로서 노벨화학상을 받기도 한 파울 크뤼천이
2000년에 처음 제안한 '인류세'라는 용어는 인간에 의한 지구의 변화
와 위기를 강조한다. 전대미문의 코로나19 팬데믹도 인류세의 현상의
하나로 볼 수 있을 것이다.

보면 다음과 같다. 첫째는 신체 향상 기술에 따른 미래의 인간 모습을 전망해 보는 미술이다. 의학과 생명 기술로 인해 타고난 신체보다 더 강해지고 과거보다 수명이 더 연장되고 있는 신체는 미래에 어떻게 변화할지를 상상해 보는 것이다.

둘째는 생명 기술과 함께 떠오른 새로운 생명 개념과 탈인간중심주의를 반영하는 미술이다. 이는 르네 데카르트의 이분법적 사고와 근대적 휴머니즘의 영향 아래 인간을 중심으로 생각해 온 생명 개념을 비인간 생명, 즉 인간 아닌 존재의 생명에 대한 사유로 확장하는 것을 나타낸다.

셋째는 지구 환경과 생태 변화에 대한 관심과 우려를 표현하는 미술로, 기후 변화로 인해 우리 모두가 몸으로 느끼는 위기를 다양한 방식으로 나타낸다. 이러한 미술을 각각 신체 변형 미술, 바이오아트, 생태 미술이라 부를 수 있는데, 이 세 가지 경향의 미술은 모두 포스트휴먼 시대이면서 인류세임을 자각하게 된 지금 이 시대의 정신을 반영한다. 이 글에서는 그중에서도 인간의 신체를 둘러싼 변화 양상이 바이오아트라는 독특한 미술과 만나는 지점에서 실행된 작품이 포스트휴먼 맥락에서 어떠한 의미를 갖는지 파악해 보고자 한다.

현대미술에 나타난
신체의 양상과 의미
현대미술 속에서 신체는 어떤 의미로 어떻게 표현되어 왔을까? 기나긴 미술의 역사 속에서 신체는 주로 재현되는 대상으로 여겨져 왔으나, 20세기 후반 이후 드라마틱한 변화를 겪고 있다. 미술가들은 분산되고 해체되는 담론들에 따라 신체에 대한 기존의 재현 방식을 파괴하고 있을 뿐만 아니라, 퍼포먼스 같은 신체 미술을 통해 미술가 자신의 몸을 매체로 이용하기도 한다. 1960년대와 1970년대의 미니멀아트와 개념적 퍼포먼스 미술 안에는 '인간은 신체를 통해 세계와 연결된다'는 현상학적 접근이 팽배했다. 이후 1980년대를 거치면서 신체는 삶이 이루어지는 장소이자 도구이며 환경으로 여겨졌으며, 신체의 경험과 기억은 한 개인의 정체성 형성을 위한 중요한 요소가 되었다. 이때 신체는 물신화되기도 하지만 반대로 혐오의 대상이 되기도 하면서 미술가의 신체는 예술품을 대상으로 만드는 주체로서의 신체가 아니라 재료 혹은 표현 수단으로도 사용되었다. 또한 포스트모던 현상이 주를 이루었던 1980년대와 1990년대의 세기말 문화 현상 속에서는 신체에 대한 해체적 접근이 주를 이루면서 신체는 유일성보다는 분리 가능하여 다수성을 지닌 대상으로 여겨졌으며, 미술가들은 자신의 몸에 상처를 입히기도 하고 분산시키고 정체성을 흐리는 변장을 통해 신체 자체를 이데올로기와 담론의 공간 혹은 정치적, 역사적 의미가 담긴 장소로 만들었다.

21세기에 들어서면서 몇 가지 다른 의미들이 신체에 덧붙었는데, 이는 앞서 말했듯이 몸과 관련한 기술에서 연유한다. 첫째, 휴먼 게놈 프로젝트 이후 유전자 정보 분석이 가능해짐으로써 컴퓨터 안에 차곡차곡 쌓이는 정보가 신체를 대신할 수 있게 되었다. 그렇게 언어화, 비물질화된 정보로서의 신체는 다시 물질화될 수 있는 것이어서, 신체는 물질과 비물질의 경계를 자유롭게 왕래할 수 있게 되었다. 더 나아가 유전자 정보를 비롯해 개인 신체의 많은 정보가 데이터로 축적됨으로써 국가적 차원의 감시와 통제를 수월하게 해 주고 있다. 건강검진, 질병 관리, 백신 접종 등 우리가 코로나19 팬데믹의 상황에서 겪고 있는 일은 미셸 푸코Michel Foucault가 말했듯이 우리의 신체에 가해지는 '살아 있게 만드는' 현대의 생명 권력을 그대로 보여 준다.

둘째, 우리의 신체는 몸에 심는 칩들과 장기 교체 등 의학 기술적 임플란트 방식을 통해 다른 종의 일부와 혹은 기계와 섞일 수 있는 가능성이 많아졌다. 즉 혼종성이 인간 신체의 특징 중 하나로 떠오르게 된 것이다. 혼종성은 인간 신체의 고유성 혹은 순수성을 고집해 온 사람들에게는 불안감이나 심지어 공포의 감정을 불러일으킬 수도 있겠으나, 지금으로서 미래의 혼종성은 예측할 수 없을 정도로 무한한 가능성을 지닌다.

특히 신체에 대한 포스트휴먼적 사유는, 기술과 신체의 융합이 그 연결 지점을 알 수 없을 정도로 발전했다는 사실과, 그로 인해 인간 존재에 대해서도 이전의 방식으로 이해하게 할 수 없게 되었음을 다시 한 번 상기시켜 주었다. 즉 기계와 결합된 신체로 살아가게 될 보편적 사이보그 존재로서의 21세기 인간들은 정신적 존재로만 이해되는 근대적 휴머니즘적 주체로 결코 설명될 수 없다는 것이다. 다시 말해 유기 성분인 단백질 혹은 신체와 전자 성분인 실리콘 혹은 보철 기능의 프로스시시스가 하나의 시스템으로 연결될 수 있다는 것은, 우리의 신체가 내적으로 닫혀 있지 않고 주체와 환경 사이의 순환 과정을 받아들이고 있음을 의미한다. 이로 인해 자율적 주체의 경계는 유동적으로 되고, 우리의 신체는 열리게 된다. 물론 유기체와 기계의 혼합 존재인 사이보그만이 포스트휴먼 주체는 아니다. 우리는 지적 능력을 머리 안에만 머무르게 하지 않고 컴퓨터, USB 등 밖으로 확장할 뿐만 아니라, 신체를 기계 인터페이스에 계속 적용하고 있다. 특히 나노, 바이오, 인지, 정보가 융합된 기술과 스마트폰 기능에 둘러싸여 이전과는 전혀 다른 삶을 살고 있는 21세기의 신체들은 이미 포스트휴먼 신체인 것이다.

21세기의 미술가들은 피부를 개방하고 절개하여 신체 내부로 기술적 이물질인 장치를 들여오기도 한다. 그 외에도 신체를 적극적으로 디자인함으로써 신체 형태의 변화뿐만 아니라 신체 장기를 바꾸면서 살아가게 될 미래를 상상한다. 이러한 미술은 이것이 과연 미술인가에 대한 근본적이고 개념적인 질문을 불러일으키는데, 그러한 논쟁의 중심에 놓인 것이 바로 바이오아트.

**신체를
탐구하다**　　　바이오아트BioArt는 넓은 의미로 '생명 기술에 대한 미술'이라는 주제적인 측면에서 정의할 수 있는 반면, 좁은 의미로는 '생명 그 자체로서의 미술', '생명체를 매체로 한 미술', '생명 기술을 사용하는 미술' 등 살아 있는 재료를 사용하는 미술이라는 매체적 측면에서 정의할 수 있다.

넓은 의미의 바이오아트는 생명체를 매체로 사용하지 않고 기존의 현대미술 매체인 회화, 조각, 비디오, 퍼포먼스 등을 이용하되 생명 기술의 발전이 가져온 다양한 문제를 주제로 다루는 좀 더 광범위한 의미의 미술을 말한다. 생명 기술의 발전은 어디까지 진행되었을까, 살아 있는 생명체를 조작하거나 창조하는 것을 윤리적으로 어떻게 볼 것인가, 생명 기술로 인해 만들어진 혼성체나 유전자가 조작된 유기체 혹은 먹거리에는 문제가 없을까, 생명 정보 축적을 통한 생명 통제와 감시는 어디까지 진행될까 등 바이오아트가 다루는 주제는 다양하다. 이외에도 바이오아트의 주제는 인간중심주의적으로 생각해 온 생명 개념을 비판하거나 확장하는 작업과 종간 소통의 가능성에 대한 탐구를 넘나든다.

반면 매체적 측면을 강조한 좁은 의미의 바이오아트는 미술과 생물학적 기술인 '젖은 기술wet technology'을 결합한다는 의미에서 기존의 실리콘 기반의 마른 기술dry technology을 이용하는 미디어 아트와 또 다른 새로운 차원의 영역을 열어 가고 있다. 이때 바이오 아티스트는 전문가의 수준으로 생명 기술을 활용하는 과학자-미술가sci-artist가 된다. 그들은 대학 연구소나 국립 연구소와 협업하기도 하지만, 사회적 운동의 일환으로 소규모의 작업실이나 가정에서 DIY-바이오 혹은 바이오 해킹을 통해 작업하기도 한다.

바이오아트는 생명 혹은 생명과 관련한 것을 다루기 때문에 우리는 최근 포스트휴먼적 관점 아래 변화하고 있는 생명 개념과 연관 지어 생각해 볼 필요가 있다. 예를 들어 로지 브라이도티는『포스트휴먼』에서 인간을 위주로 언급해 온 생명 개념을 벗어나 다른 생명들로 확장해야 한다고 주장했다. 그녀는 고대 그리스 시대에 있던 생명에 대한 두 개념, 즉 사회적, 법적으로 인정받고 구성되며 특권화되거나 규칙을 따르는 생명 개념인 비오스bios와, 모든 살아 있는 생명들을 의미하는 조에zoe 개념을 가져와 조에 개념을 확장할 것을 강력히 주장했다. 이는 인간중심주의를 극복하는 포스트휴먼 감수성이기도 하다.

인간과 비인간의 경계를 넘어서

생명 개념의 변화와 함께 인간을 중심으로 이루어지던 모든 이분법적 구분은 무너지기 시작했으며, 신체는 그러한 경계의 흐림과 혼성을 시각적으로 가장 민감하게 드러내고 있다. 특히 포스트휴먼 신체에 대해 사유하는 미술의 재현 장치는 신체, 심리, 과학, 문화 등 다양한 분야에서 긍정적이든 부정적이든 인간의 유일함이 더 이상 설 자리가 없음을 보여 주고 있으며, 그 자리에 혼성되고 변형된 경계 존재가 들어설 수도 있음을 나타내고 있다. 이미 포스트휴먼의 조건 속에 살고 있는 우리가 변형된 신체로부터 포스트휴먼의 존재와 의미를 찾는 일은 당연한 일이다.

인간과 비인간의 경계 없음을 수행함으로써 평등과 소통을 나타내며, 그 결과 혼종성이 실행되는 장소로 기능하는 포스트휴먼 신체 미술은 두 가지 의의를 지닌다. 하나는 인간 신체에 대한 전통

바이오아트

기계와 결합된 신체로 살아가게 될 21세기 인간들은 정신적 존재로만 이해
되는 근대의 휴머니즘적 주체로는 설명되지 않는다. 우리 시대 미술가들은
기계-신체를 적극적으로 사유하는데, 그 중심에 생명 기술을 매개로 한 바
이오아트가 있다. 사진은 폴란드 작가 엘빈 플래밍고의 《우리—공통된 몸》
이라는 작품이다.

적인 규범을 벗어난다는 것, 즉 인간 신체를 규정해 온 근대적 의미를 거부한다는 것이고, 다른 하나는 인간과 비인간 사이의 간격을 해소하고 인간중심주의에 따른 인간 신체의 배타성을 벗어난다는 것이다.

우리는 변형되고 혼성된 신체 미술 속에서 명확한 포스트휴먼의 모습을 발견한다기보다는, 포스트휴머니즘에 의한 인간 이해가 여러 모습으로 재현되는 맥락 안에 놓임으로써 그것을 이해하게 될 것이다. 왜, 어떻게, 무엇을 위하여 인간의 신체는 변형되고 혼성되고 있는가에 대한 단순하고 명쾌한 답이 아니라, 인간과 인간의 경계를 흐리는 재현의 지점과 장치를 파악하는 것은 그 자체만으로도 다양한 포스트휴먼적 인간 이해에 대한 실마리를 제공하기 때문이다. 이러한 미술은 인간과 인간이 아닌 것 사이의 문턱과 경계를 알게 하고, 결국 '인간으로 존재하는 것이 무엇을 의미하는가에 대한 새로운 이해'를 만날 수 있게 해 준다. 이는 포스트휴머니즘을 둘러싼 논의를 예술과 문화의 맥락에서 이해하기 위한 근거로도 작용하게 될 것이다.

내 안에 말이 깃들기를

프랑스의 미술가 그룹 아르 오리앙테 오브제Art Orienté Objet가 세계인들의 이목을 집중시키고 당황하게 만들었던 〈내 안에 말이 깃들기를〉은 2010년 2월에 슬로베니아의 류블랴나 카펠리카 화랑에서 진행된 일종의 퍼포먼스다. 이것은 또한 퍼포먼스를 위한 실험과 결과를 기록한 작업이기도 하며, 후에는 그러한 기록을 기초로 사진 및 영상과 함께 설치되기도 한 미술이다. 이 작업은 2011년 아르스일렉트로니카센터에서 주관하는 하이브리드 부문 골든니카 상을 받았으며, 2014년 부산비엔날레에 설치되어 국내에 소개되기도 했다.

마리옹 라발장테Marion Laval-Jeantet와 브누아 망쟁Benoît Mangin 두 사람으로 이루어진 아르 오리앙테 오브제는 1991년 결성된 이래 인간이 의학과 생명 기술 실험을 위해 이용해 온 비인간 주체들에 대한 관심을 표명하는 데 주력해 왔다. 그들은 선명한 구분선이 없음에도 불구하고 유類, 종種 등의 분할을 사용하는 것은 인간 스스로 한계 짓는 관념일 뿐이며, 종 간 벽을 강조하는 전통적인 개념은 우리를 제약할 뿐이라고 주장한다.

〈내 안에 말이 깃들기를〉은 말의 피(혈청)를 라발장테의 몸에 수혈하는 실험적이고 파격적인 실행을 골자로 한다. 이 퍼포먼스가 생물학적이고 화학적인 방식으로 이루어진 충격적인 실험의 성격을 지녔기에 사람들은 우선 이 행위가 미술로서 의미가 있는지에 의심을 가졌으나 그보다 더 궁금했던 것은 말의 피를 사람의 몸에 넣는 것이 가능한지, 얼마만큼의 양을 수혈했는지, 그래서 무슨 일이 벌어졌는지, 수혈 후 그녀의 몸은 어땠는지에 관한 것이다.

라발장테는 준비 과정으로서 3개월 전부터 수혈로 인한 과민성 쇼크를 방지하기 위한 모든 테스트를 거쳤다. 물론 말의 피를 그대로 수혈하는 것은 아니었고, 가장 강한 독성을 가진 적혈세포를 제거하고 림프구와 대식세포도 제거했다. 그러나 신체 조직 정보를 전달하는 면역 글로불린 항체를 포함한 다른 세포들은 남겨 두었기 때문에 대량으로 주입된 낯설고 이질적인 세포에 그녀의 몸이 어떤 대응을 할 것인지는 예측할 수 없었다. 따라서 이 퍼포먼스는 인간 몸의 한계에 대한 공개적인 실험이기도 했다. 수혈 후 나타난 몸의 반응에 대해 라발장테는 다음과 같이 회상했다.

많은 양의 수혈 이후 한 시간도 안 되어 반응이 나타났다. 첫 반응은 열이 오르락내리락하는 것이었고, 창백해지면서 거의 걷지도 못하게 되었는데, 10분 정도 되었을 때 '켄타우로스의 피centaur's blood'를 채취해 보니 거의 완전히 응고해 있었다. 그것은 강한 염증 증상이었다. 이러한 즉각적인 반응은 내게 가장 강력한 영향을 주었다. 이틀 동안 다른 이례적인 반응이 나타났고, 그 다음에는 발작이 일어나 일주일 내내 지속되었다. 그동안 나는 완전 무정부 상태로 한 번에 한 시간 이상 잠을 잘 수 없었다. 한 시간 잠을 자면 다시 깨었다가 다시 몇 시간 후 곯아떨어졌다. 불합리하다고 할 정도로 식욕이 강해지는가 하면, 누가 내 팔을 건드리기라도 하면 고통 때문에 거의 공황 상태에 빠졌다. 그럼에도 나는 믿을 수 없을 정도로 강해짐을 느꼈다. (…) 내 곁에는 면역학 의사들이 있었고, 특히 말 전문가이면서 면역학자인 사람도 있어 내가 그러한 증상에 대해 이야기하니 그들은 나의 모든 반응이 그러한 실험의 아주 전형적인 결과라고 말해 주었다.

아르 오리앙테 오브제는 신체의 안정성을 담보로 하지 않는 퍼포먼스를 통해 무엇을 말하려 했으며, 왜 굳이 실험실에서 일어나는 과정을 택했을까? 인간 사회에서 동물의 위치가 무엇인지를 상기시켜 온 그들의 작업 맥락을 보면 이 퍼포먼스는 인간이 인간만의 관점 아래 이기적으로 행해 온 동물 실험에 대한 저항적 표현이라고 할 수 있다. 그들은 인간의 입장에서가 아니라 동물들이 느껴온 다른 무엇인가를 경험하고자 했는데, 그것은 곧 그들이 한계에 부딪쳤다고 느낀 종들 사이의 장벽에 대해 생각해 보는 것이었고, 그것을 위해서는 실험적, 과학적 실행이 꼭 필요했던 것이다.

라발장테는 동물을 포함한 세계에 대한 '인간 관점의 변화'가 자기 작업의 본질적인 부분임을 강조했다. 이는 인간중심주의적인 사고를 벗어나 다른 생명 형태에 대한 집단적인 경험의 가능성을 열어 놓았음을 말해 주는 것이다. 그것은 동물-되기, 말-되기 등 고정된 주체로서의 인간을 넘어 중심 없는 상호 의존적 관계 맺기를 실천하는 포스트휴먼 윤리를 구현하는 것이었다. 동물(말)의 입장에서 본다면 말은 도구 혹은 대상으로서가 아니라, 인간과 새로운 관계 맺기 과정에 동참하게 된다. 이는 인간 중심적 역사 속에서 유린되어 온 동물의 생명과 권리를 되찾아 주는 것의 일환이기도 하다.

계속 재구성되는 경계 존재

또 한 사람의 프랑스 미술가를 살펴보자. 1970년대부터 자신의 몸을 이용해 사회적, 정치적, 문화적인 저항의 전략을 표현해 온

오를랑Orlan의 작업은 여성의 신체를 탈신비화하고 정치화한다는 점에서 다른 페미니스트 미술가들의 전략과 그리 다르지 않아 보인다. 그러나 1990년대 이후 여성의 표준적 아름다움의 범주를 비판하는 성형수술 퍼포먼스와 그로테스크 자화상은 페미니즘의 전략을 넘어서는 일종의 포스트휴먼적 경계 신체의 특징을 나타내기 시작했다.

신체의 '경계 없음'을 받아들여 '새김inscribe'과 '다시 새김reinscribe'을 통한 해체와 재해체, 변화와 혼성의 결과를 갖게 된 그녀의 얼굴은, 처음의 'ORLAN-body'를 대체하는 '다른 ORLAN-body'로서의 '제2의 오를랑', 더 나아가 두 정체성에 의해 더 풍성해진 '제3의 오를랑'으로 옮겨 감으로써 다중적인 정체성뿐만 아니라 계속 수정되고 덧붙여지는 자아 구성체를 나타내는 것이었다. 이는 자신의 신체를 일종의 플랫폼으로 보고 계속 변경하고 보충하고 소비함으로써 다수의 정체성을 만들어 가는 방식이다. 이때 성형수술로 인한 상처는 삶과 죽음, 내부와 외부, 통제자와 통제받는 자, 자연적인 것과 인공적인 것 등 사이의 폭력이 담긴 문턱의 장소로 그대로 남겨 둔다. 해체의 흔적을 뒤섞고 재구성하는 것은 다른 무엇인가가 되고자 하는 것을 나타내며, 항상 열려 있는 몸으로서의 경계 존재 혹은 문턱 존재를 실행한 것이다.

오를랑이 2003년 프랑스 낭트에서 열린 〈생명 기술의 미술〉 전시에서 아이디어를 공개하고 2007년 호주의 조직공학 바이오아트 실험 연구소인 심바이오티카SymbioticA에서 실행한 〈할리퀸 코트〉

오를랑

1947~ . 성형수술 퍼포먼스와 그로테스크 자화상 등을 통해 여성의 몸에 사회가 가하는 압력을 비판해 온 프랑스 미술가 오를랑은 자신의 신체를 계속 변경하고 보충하고 소비하는 것을 통해 다수의 정체성을 만들어 냄으로써 포스트휴먼적 경계 신체의 특징을 보여 준다. 그중에서도 2007년에 선보인 〈할리퀸 코트〉는 다양한 색의 피부 조직배양을 통한 다인종적 혼종 피부를 만드는 작업으로, 피부색은 중요하지 않으며 피부 아래 있는 것은 같다는 사실을 강조한다.

는 다양한 색의 피부 조직배양을 통한 다인종적 혼종 피부를 만드는 작업이었다. 세포가 여러 개 모인 조직을 몸체에서 떼어 내 용액에 넣어 배양 실험실에서 키우는 조직배양 기술은 100여 년의 역사를 지니고 있어 새로운 기술은 아니다. 심바이오티카에서 오랫동안 조직배양과 미술 프로젝트The Tissue Culture & Art Project를 시행해 온 오론 캐츠Oron Catts는 배양되는 조직이 살아 있는 것인지 아니면 죽은 것인지 '생명'에 대한 여부를 물으며 그것들을 '반쯤 살아 있는 semi-living 물질'이라고 정의한 바 있다. 배양되는 조직은 몸체로부터 떨어져 나왔음에도 불구하고 잘 돌보면 죽지 않아 불멸성을 갖게 될 뿐만 아니라, 형태가 바뀌거나 다른 세포조직과 혼성될 수 있으며, 대량생산이 됨으로써 분배와 재분배라는 과정 안에서 상업적 성격을 지니기도 한다.

자신의 피부 조직을 떼어 내는 퍼포먼스를 진행하는 동안, 오를랑은 알록달록한 할리퀸 체크무늬 옷을 입고 미셸 세르Michel Serres의 『유식한 이방인』 중 "세속성"이라는 제목을 가진 서문에 등장하는 할리퀸의 이야기를 읽었다. 왕으로 등장하는 할리퀸은 달 사찰을 마치고 왔으나, 궁금해하는 사람들에게 "모든 곳에 있는 모든 것이 여기와 같다"라는 말만 되풀이한다. 그럴 리가 없다고 생각한 사람들이 재차 묻는 질문에도 권위를 내세우면서 같은 말을 반복하는 왕에게 사람들은 그가 입은 알록달록하고 짜임새가 다양한 옷을 보고 "당신이 입은 옷도 앞뒤와 안팎이 같다는 것인가요?"라고 묻는다. 자신의 옷을 본 왕이 당황해 옷을 벗었으나 안에도 무지개색의 옷이 있었고, 또 벗었으나 마찬가지였으며, 결국 모두 벗은 그의 몸은 남성인지 여성인지도 모를 자웅동체에 온갖 문신을 지니고 있었으며, 피부는 인종이나 혈통을 가늠할 수 없는 혼성된 것이었다. 할리퀸의 몸은 여러 곳을 사찰하고 다니면서 얻은 많은 이질적인 경험이 체화된 장소였던 것이다.

사람들은 인종을 쉽게 구분할 수 있는 피부색을 가지고 인종차별을 해 왔다. 그러나 세르는 의사나 과학자들에게 피부색은 중요하지 않으며, 피부 아래 볼 수 있는 것은 같다고 강조했다. 그 누가 자신만은 순수하다고 말할 수 있는가? 결국 할리퀸처럼 혼성적인 존재로 살아가는 것이 아닌가? 이 이야기에서 할리퀸의 몸은 모든 것이 멈추고 혼성된 것으로 다시 시작하는 주변적 장소이자 경계를 찾을 수 없는 곳이었다. 세르는 양손잡이, 자웅동체, 혼혈인 할리퀸의 알록달록한 피부를 혼성체로서의 문화적 인종적 다중성의 개념, 혹은 타자를 내부로 받아들이는 수용이라는 메타포로 사용한 것이다.

오를랑은 혼성 피부를 얻기 위해 자신의 피부 조직 이외에, 12주 된 아프리카계 여아의 태아로부터 가져온 WS1 타입의 피부 섬유아세포와 살찐꼬리더나트의 섬유아 근육세포를 미국조직은행에 주문해서 호주로 공수해 왔다. 생체 반응기에서 합성된 혼성 피부 조직은 실물 크기의 옷인 할리퀸 코트의 다이아몬드 모양 패턴 안에 고정된 수십 개의 페트리 접시 위에 놓여 전시되었다. 알록달록한 할리퀸 코트는 젠더, 피부색, 인종, 종의 경계를 가로지른다는 상징적인 혹은 환유적 의미와 함께 순수함의 상징으로서의 흰색 피부에 대한 전복적 개념을 강조하기 위한 장치였으며, 일종의 텍스트로서의 피부 조직과 그 혼성이 지닌 경계 넘기를 실행하기 위한 전략이었다.

인간 향상의 정당성은
어디까지인가

생명 기술과 유전공학 기술은 신체 향상을 향한 인간의 열망을 실현하고 있다. 많은 사람들은 진보적인 기술에 대한 희망과 우호적인 기대를 지닌다. 여기에는 현대 과학기술을 이용한 인간과 기계, 인간과 정보의 융합이 당연하고 바람직한 것이라고 여기면서 그것을 통해 노화, 질병, 죽음 등 인간의 신체적 한계를 극복할 수 있다고 믿는 유토피아적 믿음이 반영되어 있다. 이러한 믿음을 지닌 사람들의 생각을 트랜스휴머니즘이라고 부르기도 하는데, 이들은 나약한 신체를 강한 기계로 대체한 새로운 종으로서의 포스트휴먼을 예측하기도 한다. 그러나 트랜스휴머니즘은 신체뿐만 아니라 지적, 정신적, 도덕적 능력을 확대하고 여러 방면에서 인간의 향상을 옹호하고 있기 때문에, 여전히 인간 중심적 사고에서 벗어나지 않고 있으며, 그러한 점에서 포스트휴머니즘과 다르다. 여기에서 소개할 세 명의 미술가들은 신체와 기술의 결합에 대한 긍정적이거나 부정적인 입장을 비교적 분명하게 드러내면서 생명 기술이 지닌 장단점과 윤리적인 문제를 생각해 보도록 만들고 있다.

한계를 넘어서려는 의지

호주를 중심으로 활동하고 있는 스텔락Stelarc은 자신의 나약한 신체를 기술에 접목하여 신체를 재구성하고 기계 장치를 통해 연장하거나 확장함으로써 철저하게 신체의 향상에 초점을 맞추어 온 미술가다. 이를 위해 그는 자신의 신체를 철저하게 비워 내면서 기계와 대립하거나 경쟁하지 않고 통합을 강조한다. 살과 금속의 만남을 추구하고, 신체를 비워 기술을 받아들일수록 더 나아질 것이라고 믿는다는 점에서 그는 여지없이 트랜스휴머니스트 미술가라고 할 수 있을 것이다.

1980년, 스텔락은 자신의 오른팔을 로봇처럼 복제한 〈제3의 손〉을 만들어 〈쓸모없는 신체〉라는 제목의 퍼포먼스에서 공개했다. 이 작품에서 기계는 문제가 있는 손 혹은 팔을 대신하기 위한 보철의 기능을 하는 것이 아니라, 정상적인 두 손 혹은 팔의 기능을 더 확장하고 강화하는 데 목적을 두었다. 이 기계는 복부와 다리의 신체 근육이 보내는 전기 신호를 포착하고 증폭하는 힘으로 작동되었다.

이후 스텔락은 자신의 몸을 전선으로 컴퓨터에 연결해 서로 다른 인터페이스 시스템과 인터넷으로 전달된 신호가 그의 몸 각 부분의 근육에 전달되어 행하도록 만드는 방식, 즉 멀리 있는 다른 에이전트(대리인)가 그의 생물학적 신체를 통제하도록 하는 실행 방식을 도입했다. 그는 그것을 '비자발적 신체(자기도 모르게 행동하는 신체)'라고 명명했다.

예를 들어 1995년 퐁피두센터에서 〈신체 통신/프로토-기생체〉를 실행하는 동안, 룩셈부르크에 있던 스텔락은 여섯 개의 채널로 된 터치스크린 인터페이스 근육 자극 시스템의 전선에 둘러싸여 있었는데, 이 시스템은 0~60볼트를 특정한 근육으로 전달하여 그의 왼쪽 신체만을 통제함으로써 신경 체계 자체를 둘로 분리하는 것이었다. 높은 전압에 의한 자극은 신체의 '비자발적인' 움직임의 원인이 된다. 파리의 관람자들이 만진 터치스크린을 통해 들어온 신호는 센서와 자극봉, 변환기 등의 배열에 의해 선별되어 그의 신체가 효과적으로 비디오 스위치와 혼합될 수 있게 만들었으며, 다시 소리와 이미지를 파리에 있는 스튜디오로 전송했다. 이러한 전략은 연속된 퍼포먼스에서 계속 시행되었으나, 신체는 여전히 임의적인 인터넷 상호작용을 통해 움직였다. 이때 인터넷은 신체의 사라짐과 자아의 해체를 촉진하는 것이 아니라 오히려 신체에 대한 새로운 집합적 만남과 주체에 대한 텔레마틱telematic 교류를 가능하게 해 주는 매체가 되었다.

1990년대 말에 행해진 일련의 인터넷-자극 작품들에서 스텔락의 신체에 대한 탈인간화 혹은 기계화는 극단에 이르게 되어 그의 신체는 마치 빈 껍질처럼 되어 버렸다. 그는 이러한 작품들에 대해 "텅 빈 신체가 기술적 구성물을 위해서는 더 나은 주인일지도 모른다"라는 극단적인 선언을 하거나, 자신의 신체를 객관화 혹은 사물화하여 언급하면서 신체는 재구성되어야 한다고 주장하기도 했다.

기계와의 공생적 관계라는 같은 연장선상에서 선보인 〈팔 위의 귀〉는 혼성 미술의 범주에서 실행된 프로젝트다. 조직배양된 여분의 귀extra ear를 자신의 왼팔에 이식한 것으로, 이식수술 장면이 비디오로 공개된 이 프로젝트는 수술팀, 수술 후 관리팀, 줄기세포 자

스텔락의 〈팔 위의 귀〉
스텔락은 자신의 신체를 기술과 접목함으로써 신체의 향상에 관심을 두고 있다는 점
에서 트랜스휴머니스트 예술가라 할 수 있다. 〈팔 위의 귀〉는 조직배양된 여분의 귀를
자신의 팔에 이식하는 프로젝트로, 피부라는 경계를 초월해 외부의 이질적 요소와의
상호작용과 공생의 메시지를 던져 준다.

문단, 프로젝트 코디네이터, 프로젝트 펀드팀, 3D 모델과 애니메이
션팀, 수술 장면을 기록하는 팀 등 의사, 과학자, 미술가뿐만 아니라
그 외의 다양한 분야와의 협업이 필요한 일이었다. 일회적 미술 퍼
포먼스라기보다는 지금 의학 분야에서 실행되고 있는 조직배양과
장기이식 기술을 그대로 반영한 지속적인 작업이다.

원래는 자신의 귀 옆에 배양해 만든 귀를 하나 더 붙일 계획이었으나 턱 신경이 거부 반응을 일으켜 실패함에 따라 대신 그의 팔에 영구히 이식하는 것으로 계획을 변경했다. 미술, 로보틱스, 생명공학의 결합이라고 할 수 있는 이 작업은 2010년 아르스일렉트로니카센터에서 주는 골든니카상을 받았다. 이것은 외부 요소와의 상호작용과 공생을 포함하는 행위로서, 주인으로서의 신체와 기생자로서의 인공 기관 사이에 형성되는 적응력을 나타내거나 자아와 다른 사람 사이에 놓인 장벽을 무너뜨리는 자극이 되기도 한다. 사운드칩을 넣어 사람들이 접근하면 소리(말)가 방출되게 한 그의 귀는, 그의 끝없는 호기심과 에너지 넘치는 실험, 자신의 신체를 이용해 상상력을 무한히 확장하는 능력을 보여 준다. 이는 신체에 덧붙이고 신체를 변형함으로 인간 본래의 모습에서 벗어난다는 점에서 트랜스휴먼의 의미를 내포하는 대형 프로젝트다.

스텔락은 비평가들에 의해 극단적인 호평과 혹평을 동시에 받아 온 미술가지만, 그의 작업 여정은 신체와 외부의 요소로서의 기계 혹은 인공 기관을 융합하는 방식으로 일관되어 왔다. 그것은 우리 모두가 21세기에 살면서 목도하고 있는 시대적 특징이 그러하듯 기계와 생명체 혹은 신체 사이의 경계선이 흐려지고 인간과 시스템 사이의 구분이 무의미해지고 있음을 보여 주려는 시도이며, 피부라는 경계를 초월해 다른 것을 받아들여야 강해질 수 있음을 나타내는 것이다.

영국 미술가인 애기 헤인스Agi Haines는 생명 기술에 대해 우려하면서 '우리의 몸이 쉽게 조작되고 구성됨으로써 무한히 향상될 수 있다'는 트랜스휴머니즘의 믿음에 대한 의문을 유머러스하게 혹은 풍자적으로 제기한다. 그녀는 점점 발전되는 바이오 메디컬, 헬스 케어 기술이 미래에는 어느 정도로 변화할 것인가, 그리고 지금 상상하는 기술이 미래에 실행 가능한 것이 되었을 때 복잡한 문제들이 발생하지는 않을까 등을 묻는다. 헤인스는 일종의 극사실적이고 전통적인 조각 기법과 새로운 기술인 3D프린팅 등을 이용해 아기들과 장기들을 만드는 일종의 시각적인 도발을 통해 생명 기술에 대한 대중의 이해를 촉구하고 감수성을 자극한다.

수술을 통해 늘어날 수도 있고 변경될 수도 있는 인간의 몸은 어느 정도까지 향상될 수 있을까? 점점 더 나은 수준의 기능을 얻을 수 있으니 굳이 여기서 멈추지 않아도 될까? 그런데 연약하고 유연한 아기들이 미래에 혜택을 받을 수 있는 기술이 있다면 그것을 미리 실행해 놓는 것이 아기에게 더 좋은 일일까? 당신이라면 어떤 결정을 내릴 것인가? 그것은 유전병, 체질 등과 관련해 달라지겠으나 헤인스는 〈변형들〉에서 미래의 잠재적인 향상을 위해 아기들의 신체를 미리 디자인해 외과적으로 구현한 예를 제시했다.

그녀가 정교하게 만든 아기들은 앞으로 살아갈 미래를 대비해 신체가 부분적으로 수정되어 있다. 예를 들어 성장하면서 많은 스트레스를 받으며 살아갈 것에 대응해 카페인을 효과적으로 흡수할 수 있도록 뺨에 클립을 넣어 확장한 아기, 얼굴에 공기 저항을 적게 받도록 콧등에 핀을 삽입한 아기, 약물 섭취를 수월하게 하도록 귀 뒤에 괄약근 구멍을 만든 아기, 열이 날 때 빨리 분산되도록 두피 표면면적이 확장된 아기, 잦은 천식 발발을 예방하기 위해 중추지골이 제거된 아기 등이다. 매우 세밀하고 사실적으로 제작한 아기 신체들의 모습은 어처구니없는 설명 때문에 더 처연하고 안쓰러워 보인다.

〈그럴싸한 장기들〉도 마찬가지다. 이것들은 3D프린터로 만든 인공장기들로, 전기뱀장어의 조직을 이용해 심장마비 시 바로 전기 자극을 줄 수 있는 것, 방울뱀 근육을 이용해 호흡기를 축축하게 함으로써 낭포성 섬유종의 고통에서 해방시킬 수 있는 것, 거머리의 침샘에서 추출한 세포로 뇌의 잠재적 혈전과 혈액 응고를 막는 것 등 유머러스하게 표현한 그럴싸한 기능을 지닌 장기의 모양과 기능에 대한 이야기를 담고 있다. 헤인스는 인공장기들을 이용해 장기를 교체하거나 이식하는 수술 퍼포먼스를 실행해 비디오로 기록했다. 다소 과장되고 희화화된 것이기는 하지만, 그녀가 '프랑켄슈타인 같은 하이브리드 장기'라고 부르는 인공장기들은 바이오프린팅의 도입으로 몇만 년이 걸릴 수도 있는 진화 과정을 뛰어넘어 단번에 우리의 현실로 들어서게 되었다. 희망이라는 관점에서든 우려의 시각에서든 의료 생명 기술이 가져올 많은 문제들은 우리 가까이 다가와 있는 것이다.

선천적으로 무성형증을 갖고 태어나 10대 때까지 극진한 보호를 받고 자라면서 실험적인 수술도 여러 번 받았던 미국 미술가 에이미 칼Amy Karle은, 새로운 기술의 가능성을 통해 신체가 향상되거나 보완될 수 있으리라는 희망과 기대를 지니고 실제로 연구와 실험을 병행하고 있는 바이오아티스트다. 바이오프린팅에 의해 만들어진 인공장기들에 대해 풍자적인 해석으로 일관한 헤인스와는 달리, 칼은 자신이 즐겨 사용하는 바이오프린팅 기술이 실제로 기대 수명을 연장하게 해 줄 것이라 생각한다. 그러나 생명을 다룰 수 있는 권리에 누가 접근할 수 있을 것인지, 생명 기술의 혜택을 누구나 공평하게 누릴 수 있는지에 대해서는 의문을 버리지 않는다. 모든 기술이 그렇듯이 부의 조건과 국가적 차이, 문화적 가치에 따라 수혜의 정도가 달라진다는 사실을 문제로 직시하고 있는 것을 잊지 않으면서 어떤 방법이 적절할 것인지와 같은 윤리적 문제를 병행해 고민한다.

〈재생 성유물〉은 시간이 지남에 따라 생분해되는 생체 적합적 재료인 페그다 하이드로젤로 인간의 손 골격을 만든 작품이다. 손의 모양을 한 뼈는 조직층이 계속 쌓이는 3D프린팅 프로세스로 만들었는데, 거기에 인간의 중간엽 줄기세포(성인 기증자의 hMSC)를 뿌리내리게 하여 조직으로 성장하게 한 후 생체 반응기에 넣은 것이다. 손은 인간 신체의 골격 중 가장 고유한 것으로 누구나 즉시 쉽게 인식할 수 있는 구조를 가졌다. 작품의 전체 격자는 손의 모양이라는 생체를 모방해 만들어졌으나, 현미경 수준에서 보면 뼈

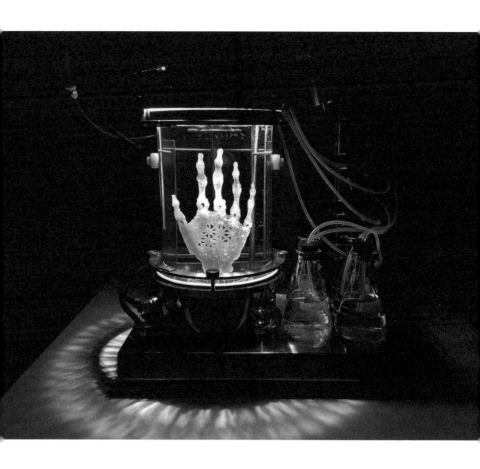

에이미 칼의 〈재생 성유물〉

선천적으로 무성형증을 가진 미국 미술가 에이미 칼은 기술의 발전이 우리의 신체를 향상시킬 수 있다고 믿는다. 〈재생 유물론〉은 그녀가 즐겨 사용하는 바이오프린팅 기술을 통해 인간의 손 골격을 만든 작품으로, 인간과 기술이 융합되는 시대의 삶과 죽음과 수명 연장 등에 대해 질문하게 한다.

의 구조와 골격은 줄기세포가 자라날 수 있는 과학적 구조를 모방한다. 칼은 실제 인간의 손뼈에 있는 세포 수와 형태에 맞게 현미경 수준에서 3D프린팅을 시행했으며, SLA-DLP(광조형 디지털 광 프로세스) 3D프린팅을 위해 세포가 시간 초과 없이 성장하고 변성할 수 있는 새로운 무독성 생분해성 재료를 사용했다. 이는 과학자, 기술자, 미술가가 협력해 세포배양을 촉진하고 미세한 디테일로 3D프린팅을 할 수 있는 기술을 개발하고 제작하게 된 결과를 가져왔다. 제작 당시 이 작품은 국제적으로 알려진 줄기세포 성장용 3D프린팅 스캐폴드 중 가장 큰 것이었다.

전시장에서 관람자는 개방형 생체 반응기에서 무슨 일이 일어나고 어떻게 자라나고 있는지를 직접 관찰할 수 있다. 처음의 작품에서는 줄기세포를 사용해 실제로 자라나게 했으나 성장하면서 죽기도 하고 계속해서 옮겨 다니며 전시하기가 어려워져 여러 버전이 모두 아카이브가 되어 버렸다. 칼은 미술관에서 관람자들이 자신의 작품을 보고 즉각적으로 감정적 소통을 느끼게 하고 싶었기 때문에 아카이브 버전을 전시하는 것보다는 그냥 줄기세포 없이 전시하고 있다.

디자인된 손은 과학 장비를 지닌 기계식 자궁에 수용되어 주변의 어둠을 밝히며 빛난다. 특정한 조각품으로서의 이 작품은 신체 외부에서 살기 위한 것으로 디자인되었으나, 미래에는 결국 기존의 생물학적 몸에 이식되거나 통합될 수 있으리라는 잠재적인 희망을 시사한다. 칼은 거부의 위험이 적고 합병증이 없는 정확한 맞춤식으로 환자 자신의 줄기세포를 배양해 의료 목적으로 팔다리를 재생하는 잠재적인 기술을 상상한다. 환자 자신의 세포는 살아 있어 신체에서 계속 성장하고 리모델링할 가능성이 있다. 그녀는 실제로 이네이블E-Nable, 키드몹Kid Mob 및 슈퍼히어로 사이보그Superhero Cyborgs를 통해 부분적으로 팔다리의 길이가 다른 어린이들을 위한 3D프린팅 보철물을 제작해 제공하기도 한다.

칼의 다른 작업으로 2019년에 제작한 〈진화의 심장?〉에서 다룬 혈관의 문제는 뼈보다 훨씬 더 어려운 것이었다. 칼은 심장 혈관이 막혀 심장마비 등의 문제가 생기는 것을 막는 기술 혹은 구조를 상상하면서 심장의 혈관 구조를 재설계하는 것이 필요하다고 생각했다. 수술할 필요 없이 항상 심장을 보호할 수 있는 방법이나 효과적인 구조가 가능할까? 그녀가 상상한 것은 혈관이 막혔을 때 세 개의 주요 관상동맥 대신 더 많은 혈관을 만들어 그중 하나가 막혀도 상관없이 계속 펌핑을 할 수 있는 심장을 디자인하는 것이다. 이것은 추측에 의한 것이므로 실제 기술과는 무관한 것이겠으나, 그녀는 이야기 자체에 대한 관심을 불러일으키고자 심장외과 의사의 도움으로 심장박동 주기가 같은 생체 역학적 기능을 가진 3D프린팅 작품을 만들었다.

칼의 이러한 작업은 추측에 의한 디자인(재설계)이고 생체 프린트가 아닌 3D프린트에 머문 것이지만, 디자인한 혈관 구조는 바이오프린팅의 관점에서도 흥미로운 작업으로 여겨진다. 디자인 자체가 생체 역학 구조이므로 미래에는 생체 프린트한 조각을 진짜 살아 있는 재료로 실행할 다양한 방법이 있을 수 있다. 그렇게 하는 것은 성공적으로 개발한다면 장기와 오르가노이드에 혈액과 영양분을 공급하는 혈관계를 개발할 수 있게 되고, 그러면 대체 부품과 대체 장기를 바이오프린트할 수 있는 것에 더 가까이 갈 수 있게 되는 것이기 때문이다.

칼의 상상적인 바이오아트 작업은 예술 세계의 새로운 분야를 개척하는 것에서 나아가 생물 의학 응용의 기회를 확장하며, 우리 몸을 치유하고 강화하거나 이전에 없던 것을 창조할 수 있다는 희망을 주는 데 초점을 맞추고 있다. 그녀의 작업은 살아 있는 시스템을 고려하고 협력하는 것의 중요성을 말한다. 인간과 기술이 융합되는 시대의 삶, 죽음, 수명 연장, 강화, 변형에 대해 질문하면서 그녀의 작업은 디자인, 생명공학, 3D프린팅과 바이오프린팅이 인류를 치유하고 향상시킬 수 있는 방법에 대한 비전에 마음을 여는 역할을 할 뿐 아니라, 그 결과 우리가 어떤 존재가 될 것인가 혹은 우리의 미래는 어떻게 될 것인가 신중하게 고려하도록 요구한다.

6장

인간 향상은
구원으로 인도하는가?

이상헌

●
○

인간의

미래　　21세기 후반, 지금으로부터 그리 머지않은 미래에 로봇과 인공지능 기술이 고도로 진보하게 되자 인류는 우주주의자Cosmist, 테란Terran, 사이보그주의자Cyborgist라는 세 진영으로 갈라져 전쟁을 준비한다. 전쟁을 처음 계획한 쪽은 테란 진영이지만 그에 맞서 우주주의자 진영과 사이보그주의자 진영도 전쟁 준비에 돌입한다. 이들 진영은 테란의 선제공격 전략에 맞서기 위해 각자가 공격의 우선권을 선점하려고 할 것이다. 한 치의 양보도 생각할 수 없는 이 전쟁으로 인류는 수십억 명의 목숨을 잃을지 모른다. 이 세 진영은 서로 다른 세계관을 토대로 인간의 미래에 대해 다른 목표를 가지고 있다. 그리고 그중 하나를 선택해야 하는 마지막 순간에 이르러 전쟁은 불가피하다.

이것은 얼핏 들으면 SF 영화의 이야기 같지만 인공두뇌 연구자이자 특이점주의자인 휴고 드 개리스Hugo de Garis가 쓴 칼럼의 내용이다. 드 개리스는 컴퓨팅 기술, 나노 기술, 인공발생학, 진화공학, 양자컴퓨팅, 신경공학 등 오늘날 최첨단으로 거론되는 기술이 급격한 속도로 발전하게 되고, 이내 인류는 거의 신적인 능력을 지닌 인공지능을 만들 것인지를 두고 논쟁에 돌입하게 될 것으로 예견한다. 이 논쟁은 단순히 초인공지능을 만들 것인지 여부에 관한 것이 아니라 인류의 미래에 관한 것이다. 우주적 관점에서 인류의 미래를 결정할 것인가, 인간적인 관점을 고수할 것인가, 절충안을 선택할 것인가 하는 것이다. 철학적으로 보면 이것은 인간의 본질을 무엇으로 볼 것인지에 관한 것이다.

드 개리스는 '인류가 아틸렉트artilect를 만들어야 하는가?'라는 물음에 직면하여 종 패권 논쟁이 벌어질 날이 머지않았다고 전망한다. 그때 사이보그주의자들은 우주의 진화라는 큰 그림 아래에서 인간을 파악하고 아틸렉트 구축을 지지할 것이며, 기존의 인간성을 고수하려는 테란과 우주주의자 사이에서 절충적인 입장을 취할 것이다. 그들은 인간의 뇌에 인공적 구성 요소를 추가하여 인간이 사이보그가 되는 길을 택할 것이다.

사이보그주의자들의 1차 목표는 인간의 뇌에 아틸렉트의 구성 요소들을 추가하여 스스로 조금씩 사이보그로 변해 가고 마침내는 아

틸렉트가 되는 것이다. 사이보그주의자들은 아틸렉트가 점차 지능
체가 되는 것을 관찰자의 입장으로 지켜보는 대신에 스스로 아틸렉
트가 되는 경험을 원한다. 그들은 스스로 '신이 되기'를 원한다.[38]

　　드 개리스가 묘사한 우주주의자나 사이보그주의자가 옹호하는
아틸렉트는 일종의 포스트휴먼이다. 그는 인류의 미래를 결정할 종
패권을 놓고 벌이는 인간들 사이의 전쟁이 불가피할 것이라고 믿는
듯하다. 그런데 위의 인용문에서 보듯이 사이보그주의자의 주장에
서 종교를 연상시키는 요소들이 눈에 띈다. 우주주의자의 주장에서
도 물론 그렇다. 실제로 트랜스휴머니즘에서 발견되는 몇몇 요소들
이 종교를 떠올리게 하고, 트랜스휴머니즘과 종교를 연관 짓는 시
도를 하게 만든다. 이 글에서 그런 시도들을 살펴볼 것인데, 그에 앞
서 트랜스휴머니즘에 대해 먼저 알아보려 한다.

트랜스휴머니즘이란
무엇인가?　　　　트랜스휴머니즘은 20세기 후반 과학기
술의 비약적 발전과 그 희망적 전망을 토대로 하여 인간의 육체적,
정신적 향상을 통한 행복 달성을 목표로 삼은 철학적, 지적 운동이
다. 트랜스휴머니즘은 현대 과학기술의 발전에 대한 강한 믿음을
바탕으로 한다. 트랜스휴머니스트들은 나노 기술, 생명공학, 정보

38　Hugo de Garis, "The Artilect War", *Issues*, vol. 98(March 2012), p. 16.

기술, 인공지능, 인지신경과학 등 첨단 과학기술에 대한 낙관적 기대를 품고 이 기술들을 인간에 직접 적용함으로써 인간 향상human enhancement, 다시 말해 기술에 의한 인간의 진화를 꿈꾼다.

현대적 의미에서 트랜스휴머니즘을 언급할 때, 흔히 영국의 진화생물학자인 줄리언 헉슬리Julian Huxley가 먼저 거론된다. 헉슬리는 1957년 논문에서 처음으로 트랜스휴머니즘을 오늘날 우리가 사용하는 의미와 유사하게 사용했다. 그는 현재 인간의 조건을 토머스 홉스Thomas Hobbes의 주장에 빗대어 잔인하고 비참한 상태로 규정하고, 그렇지만 이 모든 비극이 극복될 수 있다는 믿음이 실현 가능하다고 말한다. 원한다면 인간 종은 인류 전체의 관점에서 그 자신을 초월할 수 있다고 말하며, 그러한 믿음에 트랜스휴머니즘이라는 이름을 붙인다. 트랜스휴머니즘을 통해 실현된 인류는 인간 본성의 가능성을 새롭게 개척해 나감으로써 여전히 인간이면서도 인간을 초월하는 존재가 될 것이라고 헉슬리는 말한다.[39]

트랜스휴머니즘을 철학적인 논의로 가져온 공로는 맥스 모어 Max More에게 돌려야 할 것이다. 그에 따르면 인간은 지식, 자유, 지능, 수명, 지혜 등의 폭발적 팽창을 이룰 수 있는데, 현재는 초기 단계에 머물러 있다. 그는 생명과 지능에 대해 독특한 견해를 가지고 있었다. 생명과 지능은 정체되어 있어서는 안 되며, 끝없이 발전하

---

39 Julian Huxley, "Transhumanism", *Journal of Humanistic Psychology*, vol. 8, no. 1(January 1968), p. 76. 1957년에 발표된 논문이 여기에 재수록 된 것이다.

줄리언 헉슬리
1887~1975. 트랜스휴머니즘이라는 용어를 처음 사용한 영국의 진화생물학자
다. 그는 현재 인간의 조건은 잔인하고 비참한 상태에 놓여 있지만, 트랜스휴
머니즘을 통해 인간이면서도 인간을 초월하는 존재가 될 것이라고 전망했다.

는 과정 속에서 자신의 한계를 재정렬하고, 변형하고, 초월해야 하는 것이라고 말한다. 그래서 인류는 현재의 인간성 개념을 낡은 틀 속에 머물게 하지 않고 인간성을 새롭게 변경하고 재설정해서 포스트휴먼으로 넘어가야 한다.

모어는 자신의 철학을 엑스트로피즘extropism이라고 명명했는데, 그에 따르면 이것은 트랜스휴머니즘의 가장 발전된 형태다. 엑스트로피즘의 목표는 신이 아니라 인간 자신을 더 나은 형태로 끝없이 개선하고 변형하는 진보의 연속에 있다. 끝없는, 한계 없는 발전적 변화가 바로 엑스트로피즘의 목표다. 모어는 이성과 과학을 존중하고, 진보에 대해 신뢰하며, 초자연적인 내세가 아니라 현세에서 인간 존재의 가치를 중시하는 점에서 트랜스휴머니즘과 휴머니즘 사이에 공통점이 있다고 말한다. 물론 인간 생명의 본성과 가능성에서 근본적인 변화를 인정하고 제한 없이 경계를 넘어서야 한다는 관점을 휴머니즘은 갖고 있지 않지만 말이다.[40]

트랜스휴머니즘에 대한 대중적 관심이 생긴 것은 영국의 미래 철학자 보스트롬 등이 선도한 세계트랜스휴머니스트협회의 창설과 그에 따른 지적 운동, 그리고 대중적 슈퍼스타인 커즈와일 같은 이들의 등장 덕으로 돌려도 될 듯하다. 보스트롬이 작성에 주도적으

---

40 Max More, "Transhumanism: Toward a Futurist Philosophy", *Extropy* 6(Summer, 1990), pp. 6~12. 엑스트로피extropy는 열역학에서 어떤 계의 무질서도를 가리키는 용어인 엔트로피entropy의 반대 개념으로 고안된 용어다. 엄밀하게 정의되는 개념은 아니지만 모어가 자신의 철학에 가져와 사용했다.

로 참여한 「세계 트랜스휴머니스트 선언문」과 「트랜스휴머니스트 FAQ」에 따르면 트랜스휴머니즘은 끝없이 발전하는 과학기술에 의존해 인간의 무한한 진화를 목표로 하는 운동이다. 보스트롬이 정의한 트랜스휴머니즘은 "노화 제거, 인간의 지적, 신체적, 심리적 역량의 커다란 향상을 가능하게 하는 기술을 개발하고 확대함으로써 인간 조건의 근본적인 개선의 가능성과 바람직함을 긍정하는 지적이고 문화적인 운동"[41]이다.

현대 트랜스휴머니즘의 기본적인 주장은 「세계 트랜스휴머니스트 선언문」에서 확인할 수 있다. 트랜스휴머니스트들은 현재 인간의 조건을 고정된 것으로 여기지 않으며, 과학기술에 대한 무한한 신뢰를 토대로 인간의 끝없는 진화를 소망한다. 트랜스휴머니즘이 목표로 하는 인간상인 포스트휴먼은 지금까지 인간의 결함과 약점을 극복한 거의 완전에 가까운 존재이다. 다른 각도에서 보면 포스트휴먼의 세상은 행복한 세상, 즉 유토피아다.

포스트휴먼이란 무엇인가?　포스트휴먼은 트랜스휴머니즘이 목표로 하는 인간상이며, 과학기술의 발전을 토대로 인간 자신에 대한 지속적인 기술적 개량의 과정을 통해 도달된다. 인간이 포스트휴먼으로 진화

41　Nick Bostrom, "The Transhumanist FAQ: A General Introduction, v. 2.1"(2003).

하는 데 필수적인 것이 과학기술이다. 인간 자신에게 적용하여 인간의 생물학적 한계를 뛰어넘게 하는 과학기술이 없다면 우리는 포스트휴먼을 꿈꿀 수 없다. 그래서 포스트휴먼을 자연적 진화 또는 유전적 진화가 아니라 인위적 진화 또는 기술적 진화의 산물이라고 말한다.

포스트휴먼이 트랜스휴머니즘의 이상적 인간상이지만 구체적인 모습에 대해 물으면 한 가지로 답할 수 없다. 트랜스휴머니스트들마다 관심에 따라 다른 모습의 포스트휴먼을 이야기할 것이다. 어떤 과학기술을 인간 개량의 주도적인 기술로 생각하는지에 따라 그릴 수 있는 포스트휴먼의 모습이 다를 것이다. 포스트휴먼을 가능하게 하는 과학기술을 몇 가지만 대표적으로 꼽아 보면 이런 사정을 이해할 수 있다.

먼저 생명공학과 유전공학을 꼽을 수 있다. 인지과학과 신경과학도 있다. 그리고 나노 기술도 언급할 수 있다. 이런 기술이 인간 개량에 활용될 수 있을 것으로 기대되는데, 기술의 발전 전망을 시간순으로 정렬할 수 있다면 트랜스휴머니스트들이 상상하는 포스트휴먼의 모습 역시 현재로부터의 시간적 거리에 따라 정렬할 수 있을지 모른다.

트랜스휴머니즘의 미래 인간상으로서 포스트휴먼을 확정된 한 가지 모습으로 묘사할 수 없는 이유는 과학기술의 다양성에도 있지만, 다른 측면에서도 짐작할 수 있다. 트랜스휴머니즘은 과학기술의 발전과 인간의 진화가 끝이 없다고 주장한다. 그렇다면 포스트휴먼의 인간상은 닫힌 개념이 아니라 미래를 향해 무한히 열린 개념일 수밖에 없을 듯하다. 포스트휴먼은 끝없이 진화하는 특성을 지닌 존재다. 논리적으로 보면 그 끝을 우리가 짐작할 수 있을까? 하지만 한 가지만은 알 수 있다. 트랜스휴머니스트들은 다음의 상태는 늘 그 이전 상태보다 나을 것이라는 믿음을 가지고 있다.

과학기술을 인간 자신에게 적용하여 인간의 생물학적 결함을 개선하고 자연적 한계를 초월하려는 시도를 인간 향상이라고 부른다. 포스트휴먼은 인간 향상을 통해 도달된 인간의 모습이다. 트랜스휴머니스트들이 주장하는 인간 향상의 양태를 살펴보면 주로 의존하는 과학기술의 종류에 따라 보통 다음의 세 가지로 정리할 수 있다.

첫째는 유전적 향상이다. 이것은 용어에서 짐작하듯이 유전공학에 의존하는 향상의 방식이다. 유전자 가위와 같은 유전자 편집 기술을 이용하여 인간의 유전적 구성을 변화시켜 향상을 이루는 것이다. 인간의 신체적, 심리적 특성이 유전자와 직접적으로 연관되어 있다는 가정 아래 가능한 방식이다.

유전적 향상 안에서도 두 가지 방식을 구분할 수 있다. 만일 유전적 향상이 진행된다면 일차적으로 인간의 유전자 풀 안에서 사람들이 선호하는 유전적 특성, 이른바 우월적 특성을 중심으로 유전자를 재구성하게 될 것이다. 이때 향상은 치료가 아니다. 치료는 질병과 관련한, 혹은 결함이 있는 유전자에 관한 것이지만, 향상은 정상이라고 인정되는 상태를 더 나은 상태로 개선하는 것에 관한 것이다. 이 맥락에서 두 번째 단계의 유전적 향상이 기획될 것이다. 이 것은 유전자 변형 작물을 만드는 것과 같은 방식이다. 다른 종의 유전자를 인간 유전체에 가져와서 인간 개체의 특성을 개선하는 방식이다. 이른바 트랜스제닉 향상이라고 할 수 있을 것이다. 이 방식의 향상을 통하면 인간 종은 일종의 유전적 혼종으로 진화하게 될 것이다.

둘째는 인간이 사이보그가 되는 향상이다. 인간 신체의 일부를 기계로 대체하거나, 인간에게 기계를 결합하는 것이다. 노화와 사망의 원인이 신체 조직과 기관의 노쇠와 손상이라는 점을 생각하면 신체의 기계화는 무한한 젊음과 영원한 생명을 떠올리게 한다. 또한 기계적 힘은 생물학적 힘을 월등하게 초과하기 때문에 신체의 기계화는 압도적인 힘을 떠올리게도 한다. 그래서인지 사이보그는 SF 영화의 단골 소재로 등장한다. 기술적으로는 현재 뇌-기계 인터페이스brain-machine interface라는 이름으로 연구되는 분야가 있다. 1970년대의 인기 텔레비전 시리즈로 우리나라에서도 방영되었던 〈600만 불의 사나이〉의 주인공 스티브와 같은 바이오닉맨, 혹은 영화와 텔레비전 시리즈, 애니메이션으로 제작되어 전 세계적인 인기를 끈 〈로보캅〉의 주인공 알렉스 머피와 같은 기계 인간을 통해 사이보그로서의 포스트휴먼을 상상해 볼 수 있을 듯하다.

셋째는 마인드 업로딩이다. 이것은 한마디로 인간의 마음을 컴퓨터에 업로드할 수 있다는 생각이다. 커즈와일은 이것을 "뇌의 두드러진 특징을 모조리 스캔한 뒤 강력한 연산 기판에 적절하게 옮

인간 향상의 양상

트랜스휴머니스트들은 과학기술을 통한 인간 향상의 양태를 보통 세 가지로 본다.
첫째는 유전자 기술을 통한 향상이고, 둘째는 인간 신체의 일부를 기계로 대체하는
것을 통한 향상이며, 셋째는 마인드 업로딩을 통한 향상이다.

겨 재가동하는 것"[42]이라고 했다. 물론 이를 위해서는 한 사람의 인성, 기억, 기술, 역사를 모두 파악해야 한다. 마음 혹은 정신이라는 것이 달리 존재하는 어떤 것이 아니라 뇌의 구조와 활동, 뇌에 저장된 정보라면, 다시 말해 뇌로 환원할 수 있는 것이라면 언젠가 우리가 뇌의 구조를 완전히 이해하고 뇌의 정보를 모두 읽어 낼 수 있는 수단이 생길 때 우리의 뇌로부터 마음에 해당하는 모든 정보를 다운로드하고, 또 그것을 생물학적 혹은 비생물학적 매체에 업로드하는 것이 가능할 것이다. 특히 비생물학적 매체에 업로드하는 경우에는 아마도 불멸을 얻을 수 있을 것이다. 이것을 가상 불멸virtual immortality이라고도 한다. 인간이 생물학적인 신체로부터 완전히 해방되어 필요한 신체를 교체해 가면서 정신으로서 영원히 살게 될 것이라는 믿음이다.

마인드 업로딩이라는 아이디어에 대해서는 소설적 상상으로 여기는 사람들도 있고, 미래의 언젠가는 가능할 것이라고 믿는 이들도 많은 듯하다. 이런 생각은 환상적이어서 〈트랜센던스〉나 〈채피〉 같은 영화에서 소재로 사용되었다. 현재의 상상으로는 마인드 업로딩이 포스트휴먼의 최종 모습에 가까운 듯하다.

기독교
트랜스휴머니즘　　트랜스휴머니즘과 기독교는 얼핏 생각하면

42　레이 커즈와일, 『특이점이 온다』, 김명남, 장시형 옮김(김영사, 2007), 269쪽.

정반대 방향을 향하는 것처럼 보인다. 그런데 기독교의 관점에서 트랜스휴머니즘을 해석하는 이들이 있다. 이들은 기독교 트랜스휴머니즘이 가능하다고 주장하는데, 주요 옹호자들이 2014년에 기독교트랜스휴머니스트협회Christian Transhumanist Association를 결성하여 활동하고 있다. 기독교 트랜스휴머니즘은 영국의 성서학자이자 바울 신학자인 니컬러스 토머스 라이트N. T. Wright 성공회 주교에게서 영향을 받은 기독교인들로부터 시작된 운동이다.

기독교 트랜스휴머니즘을 진지하게 논의하는 이들 사이에도 차이가 있다. 기독교 트랜스휴머니스트의 핵심 인물인 마이카 레딩Micah Redding과 크리스토퍼 베넥Christopher Benek, 모르몬교트랜스휴머니스트협회의 창시자이고 인간 향상 기업을 운영하고 있는 링컨 캐넌Lincoln Cannon 같은 이들은 현대 트랜스휴머니즘과 기독교의 결합 가능성을 적극적으로 주장하지만, 로널드 콜터너Ronald Cole-Turner 같은 신학자는 트랜스휴머니즘의 기독교적인 본래적 의미를 되살리는 방향으로 주장한다. 전자의 인물들은 트랜스휴머니스트들과 마찬가지로 기독교와 기술에 의한 인간 향상 사이의 무모순성을 옹호한다. 콜터너는 기술에 대해 반감을 보이지 않지만 기술에 의한 인간 향상을 진정한 의미의 기독교적 트랜스휴머니즘이라고 여기지 않는다.

현재 기독교트랜스휴머니스트협회의 대표를 맡고 있는 레딩은 소프트웨어 개발자이자 작가로, 「기독교는 트랜스휴머니즘이다」라는 글을 쓰기도 했는데 제목처럼 기독교와 트랜스휴머니즘의 일치를 믿는 듯하다. 그는 신학적 미니멀리즘을 표방하며, 인류의 미래에 대해 트랜스휴머니스트들과 견해를 공유하는데, 이론적 논의보다는 실천적인 효용에 관심을 갖고 있는 것으로 알려져 있다.

이 단체의 또 다른 주요 인물인 베넥은 첨단 기술에 대해 낙관적인 기대를 표명한다. 그는 기술을 이 세상에서 하나님의 구원이라는 목적을 실현하는 수단으로 이해해야 한다고 주장한다. 그래서 교회가 첨단 기술 형성에 한목소리를 내야 하며, 트랜스휴머니즘의 발전에 대응하여 필요하다고 생각되는 메시지와 관행을 교회가 적절하게 제시해야 한다고 믿는다. 그는 트랜스휴머니스트들의 주장이 교회에 거의 수용될 수 있다고 믿는 듯한데, 특이점의 도래, 초지능의 가능성, 기술과 인간의 통합, 새로운 형태의 지각 있는 생명체 창조 등을 부정하지 않으며, 기술의 발전으로 언젠가 인간에게서 죽음을 제거할 수 있다고도 믿는다. 이런 믿음은 영생에 대한 기독교적 희망과 배치되지 않는다고 생각하는 듯하다. 기독교트랜스휴머니스트협회의 핵심 구성원들의 입장이 전통적인 기독교적 사고와 통합될 수 있는지에 대해서는 논란의 여지가 있다.

콜터너는 이들과는 다른 맥락에서 기독교 트랜스휴머니즘을 해석한다. 그는 트랜스휴머니즘의 뿌리가 기독교에 있으며, 트랜스휴머니즘의 진정한 의미는 기독교를 통해 드러난다고 주장한다. 그는 기독교 전통 속에서 트랜스휴머니즘의 뿌리를 찾아내고, 이를 인간의 변화와 우주의 완성이라는 기독교의 핵심 주제와 연관 지음으로써 기독교 트랜스휴머니즘이 이것의 회복을 꾀할 수 있다고 주장한다.

트랜스휴머니즘은 어원적으로는 단테 알리기에리의 『신곡: 천국』에 등장하는 '트라수마나르trasumanar'라는 용어로 거슬러 올라간다. "인간의 능력을 초월한다는 것trasumanar은 말로 표현할 수 없겠지만, 은총이 그런 경험을 허용해 주는 자에게는 이 예로 충분하리라."[43]

이와 같은 맥락에서 기독교 트랜스휴머니즘은 우리의 운명이 현재 인간성의 형태와 한계를 넘어서는 것이라는 생각이 『성경』의 바울 서신들에 포함되어 있다고 주장한다. 현재 인간의 상태는 불완전하며 극복되어야 하는 것이다. 이것을 넘어서 도달하게 될 상태는 "눈으로 본 적이 없고 귀로 들은 적이 없으며 아무도 상상조차 하지 못한 것"이지만 "하나님께서 당신을 사랑하는 사람들을 위하여 마련해 주신"(「고린도전서」 2:9) 것이다. 동방정교회는 하나님의 영을 통한 개인의 완전한 변화를 가리키기 위해 테오시스theosis라는 용어를 사용했다.

콜터너에 따르면 기독교 트랜스휴머니즘의 핵심 주장은 세 가지로 정리할 수 있다. 첫째, 개인적 향상을 목표로 한다는 것이다. 기독교의 근본 믿음은 인간 개개인이 그리스도 안에서 변화할 수 있다는 것이다. 또 다른 믿음은 하나님에 대한 신앙으로 구원받을 수 있다는 것이다. 이 두 믿음은 연결되어 있다. 우리는 현재의 상태로는 구원받지 못한다. 우리는 문제 많은 존재, 불완전한 존재, 수많

---

43   단테 알리기에리, 『신곡: 천국』, 김운찬 옮김(열린책들, 2007), 제1곡, 70~72쪽.

기독교 트랜스휴머니즘

기독교 트랜스휴머니스트들은 불완전하고 결함 투성이인 현재의 인간 상태를 극복하는 것이 우리의 운명이라는 생각이 「성경」에 담겨 있다고 주장한다. 그러나 그들은 개인의 능력 향상과 개별적 생명의 불멸을 추구하는 대신 삶으로부터의 초월을 목표로 하며, 이를 위해서는 자신을 확장하고 채우는 것이 아니라 비울 것을 주장한다.

은 부정성을 포함한 존재이기 때문이다. 구원받기 위해서는 현재의 상태를 넘어서는 심오한 변화를 거쳐야 한다. 그러니까 기독교의 근본 믿음은 개인의 변화를 통한 구원이다.

기독교 트랜스휴머니즘은 인간의 현재 상태를 불완전하고 극복되어야 할 상태로 여기고 개인의 향상을 꾀한다는 점에서 현대의 트랜스휴머니즘과 공통점이 있다. 앞에서 살펴보았듯이 과학기술을 수단으로 하여 인간의 신체적, 정신적, 도덕적 능력을 개선하고 증진하는 것을 트랜스휴머니즘은 목표로 한다. 그런데 전통적 기독교에서 개인의 고양이나 향상에는 중요한 전제 조건이 있다.[44] 역설적으로 들릴 수 있지만, 우리가 자신을 고양하기 위해서는 먼저 자신을 낮추고, 개인적 자아를 한정하고 보호하려는 모든 주장을 기꺼이 폐기해야 한다. 「빌립보서」를 보면 그리스도를 찬양하여 그가 자기를 낮추고 복종하여 죽음에 이르렀음을 이야기한다.[45] 그리스어로 케노시스kenosis라고 하는 '자기 비움'이 개인의 고양을 위한 전제 조건이다. 이 점에서 보면 기독교 트랜스휴머니즘과 현대 트랜스휴머니즘은 서로 다르다. 과학기술을 이용하여 인간의 변형을 꾀하는 현대 트랜스휴머니즘은 자기를 채우는 것을 목표로 하고 있기

---

44   Ronald Cole-Turner, "Christian Transhumanism", p. 41.

45   "그는 근본 하나님의 본체시나 하나님과 동등됨을 취할 것으로 여기지 아니하시고, 오히려 자기를 비워 종의 형체를 가지사 사람들과 같이 되셨고, 사람의 모양으로 나타나사 자기를 낮추시고 죽기까지 복종하셨으니 곧 십자가에 죽으심이라."(「빌립보서」 2:6~8)

때문이다.

둘째, 기독교 트랜스휴머니즘은 개인의 불멸을 지향한다. 기독교에는 영생에 대한 믿음이 있다. 트랜스휴머니즘도 불멸을 추구한다. 만일 마인드 업로딩이 실현 가능하다면 인간은 불멸을 얻은 것이라고 할 수 있다. 유전공학적 수단을 이용한 접근법이나 사이보그가 되는 방식 또한 영원히 사는 것이나 다름없는 수준에 이르게 할 것이다. 최고의 성능을 뽐내며 무한한 장수를 누리는 것이 인간에게 불가능하지 않다는 믿음을 트랜스휴머니스트들은 가지고 있다. 똑같이 불멸을 추구한다는 점에서 트랜스휴머니즘과 기독교가 일치하는 듯하지만, 불멸이 무엇인지에 대한 이해가 양자 사이에 극명하게 차이가 난다.

기독교에서는 개인의 영생 내지 불멸을 위한 전제 조건을 이야기한다. "누구든지 자기 목숨을 구원하고자 하면 잃을 것이요 누구든지 나와 복음을 위하여 자기 목숨을 잃으면 구원하리라."(「마가복음」 8:34~35). 영생을 얻기 위해서는 자신의 목숨을 내놓아야 한다. 현재의 육신의 삶을 연장하고 물리적 생명을 영원토록 지속시키고자 욕망한다면 결코 영생을 얻지 못할 것이다. 이 맥락에서 보면 기독교에서 추구하는 영생은 트랜스휴머니즘에서 말하는 것과 다르다는 것을 짐작할 수 있다. 기독교에서의 영생은 현재 생물학적 몸의 영원한 지속이 아니라 영적인 몸을 통해서 생을 지속하는 것을 말한다.

그런데 영적인 몸이 무엇인지를 현재의 우리는 제대로 알 수 없다. 그래서 단테는 현재의 인간을 넘어서는 어떤 것에 대해 말로 설명할 수 없다고 했다. 그것은 "눈으로 본 적이 없고 귀로 들은 적이 없으며 아무도 상상조차 하지 못한 것"(「고린도전서」 2:9)이기 때문이다. 이 점에서도 기독교는 트랜스휴머니즘과 다르다. 트랜스휴머니즘은 한 가지로 확정해서 말할 수는 없지만 포스트휴먼의 모습을 그려 낸다. 트랜스휴머니즘은 신체의 불멸, 좀 더 정확히 말하면 자연적 신체로부터의 해방을 통한 물리적 생명의 지속을 추구하기 때문이다. 반면 기독교 트랜스휴머니즘은 이와 다른 의미의 불멸을 추구한다. 영적인 삶의 불멸이라고 할 수 있을 듯한데, 우리의 말로는 표현할 수 없는 차원의 상태를 말한다.

셋째, 기독교 트랜스휴머니즘은 궁극적으로 우주의 변형을 목표로 한다. 기독교는 개인의 변화에 머무르는 길을 그리지 않는다. 기독교가 궁극적으로 목표로 하는 변화는 피조물 전체의 변화, 그것을 통한 온 우주의 완성이다. 인간 개개인의 변화는 그 과정의 한 부분이라고 할 수 있다. 하나님의 계획은 온 우주를 완성하여 하나님과 하나되게 만드는 것이다. 이것을 영성화spiritualization라고 일컬을 수 있을 것이다.

현대 트랜스휴머니즘이 개인의 능력 향상과 개별적 생명의 불멸을 추구하는 것과 달리, 기독교 트랜스휴머니즘은 궁극적으로 삶에 대한 집착이 아니라 삶으로부터의 초월을 목표로 하고, 이를 위해 자신을 한껏 확장하고 채우는 쪽으로 행동하기보다 비울 것을 주장한다. 기독교적 관점에서 보면 개인의 능력을 향상시키고 생명을 확장하는 것은 트랜스휴머니즘, 단테가 말한 트라수마나르의 핵심이 아니다. 그래서 기독교 트랜스휴머니즘의 관점에서 보면 현대 트랜스휴머니즘을 진정한 의미의 인간 변화를 꾀하려는 참된 트랜스휴머니즘이 아니라 세속적 트랜스휴머니즘이다.

불교적 트랜스휴머니즘

트랜스휴머니스트들 가운데 불교와의 공통점을 지적하며 양자의 결합 가능성을 주장하는 이들이 있다. 미국의 사회학자이자 생명윤리학자인 제임스 휴스James Hughes를 비롯하여 불교에 친화적인 몇몇 연구자들이 포스트휴먼 시대의 새로운 인간상에 주목하며 이른바 불교 트랜스휴머니즘Buddhist transhumanism을 주창한다. 이들은 트랜스휴머니즘에서 말하는 인간 향상이 불교의 교리에 어긋나지 않으며, 트랜스휴머니즘의 목표와 불교의 목표가 일치한다고 믿는다.

불교의 핵심적 가르침은 우리 삶에 깊숙히 뿌리 박혀 있는 고苦, duhkha에 관한 통찰이며, 누구나 각자의 노력으로 이 보편적 고로부터 자유로워질 수 있다는 것이다. 일단의 트랜스휴머니스트들은 인간의 운명처럼 생각되는 고로부터의 해방과 더 나은 세상, 더 행복한 삶으로 인류를 인도한다는 자신들의 목표가 불교와 다르지 않다고 믿는다. 더욱이 인간을 비롯하여 삼라만상의 무상함을 주장하는 불교의 가르침이 인간의 현재 상태를 완성된 것, 고정된 것으로 여기지 않고 변화하고 진화할 수 있는 것으로 보는 자신들의 주장과 공통적이라고 주장한다.

　불교는 연기의 법칙을 토대로 인생의 문제를 네 가지 핵심 진리, 즉 사성제를 통해 전한다. 존재론적으로 보면 인간 존재와 인간사는 연기의 산물이다. 연기는 붓다가 보리수 아래에서 오랜 수행 끝에 깨달은 진리다. 일체의 존재와 현상이 생겨나고 소멸하는 근원이 연기다. 세상 모든 존재와 사건은 시간과 공간을 관통하여 서로 의존해 있고 연관되어 있다. 만물과 만사는 인연화합의 산물이다. 고집멸도苦集滅道로 표현되는 사성제는 인간의 존재론적 괴로움과 그에 대한 해법을 담고 있다. 인간 존재는 누구나 색色, 수受, 상想, 행行, 식識의 오온五蘊, skandha으로 구성되어 있는데, 이 오온으로 인해 인간은 신체적, 정신적 고통으로부터 완전히 벗어날 수 없다. 이러한 고통의 원인은 무지, 욕망, 집착에 있다. 그러나 우리는 모든 욕망의 근원인 갈애tanha를 남김없이 소멸한 이상적인 경지, 즉 열반에 이를 수 있다. 인생의 모든 고통이 소멸하고 열반에 들어 참된 자유를 얻는 방법이 있기 때문이다. 그 방법을 불교에서는 팔정도라고 한다.

　불교 트랜스휴머니스트들은 불교와 트랜스휴머니즘 사이에 중요한 공통점이 있다고 믿는다. 모든 종교의 기본 가정일 듯한데, 불교 역시 인간의 현재 상태를 완성된 것으로 여기지 않고 인간 존재의 변화 가능성을 이야기한다. 그리고 불교적 가르침을 통해 더 나은 상태, 완성된 상태로 나아갈 수 있다고 믿는다. 트랜스휴머니즘 역시 현재의 인간 존재를 불완전하고 미완성의 것으로, 그리고 변화 가능한 것으로 이해한다. 그리고 불교 트랜스휴머니스트들은 자신들의 목표와 불교의 목표가 다르지 않다고 주장한다.

선불교 수행자이자 트랜스휴머니스트인 마이클 라토라Michael LaTorra는 불교와 트랜스휴머니즘의 공통적인 목표를 세 가지로 정리한다. 인간이 직면하는 온갖 고통의 원인을 제거하고 고통 없는 행복한 삶을 얻는 것, 인간 삶의 공동체적 조건과 개인적 조건을 향상시키는 것, 그리고 인간성을 더 높은 상태로 고양하는 것이 그것이다.[46]

불교는 인간의 조건을 온갖 고뇌와 번민으로 이해한다. 우리는 생명체인 이상 온갖 질병으로 고통받고 노쇠를 막을 길이 없다. 또한 심리적으로 끝없는 번민에 시달린다. 만일 이러한 한계를 벗어날 수 있다면 인간은 그 이전보다 좀 더 행복한 삶을 살 수 있지 않을까? 트랜스휴머니즘은 과학기술의 힘을 빌려 인간의 생물학적 한계를 극복하고 심리적으로 안정과 평온을 찾을 수 있을 것으로 기대한다. 온갖 고통에 사로잡힌 불완전한 존재로서의 인간 조건에 대한 인식과 이것의 극복을 꾀한다는 점에서 트랜스휴머니즘과 불교의 목표가 같다고 불교 트랜스휴머니스트들은 주장한다.

어떤 트랜스휴머니스트들은 인간 향상이 개인의 만족을 증진시키고 이기적 욕구를 충족하기 위한 것이 아니라 더 나은 세상을

---

46 Michael LaRorra, "What Is Buddhist Transhumanism?", *Theology and Science*, Vol. 13, No. 2(2015), p. 219.

만들기 위한 것이라고 주장하는데, 이는 인간 향상에 관한 윤리적 고려에 의한 결론이다. 더 나은 세상, 그래서 그 안에 사는 사람들의 더 나은 삶을 목표로 한다는 점에서 트랜스휴머니즘과 불교의 목표는 일치한다. 사람들이 부처님의 가르침에 따라 개인적 수양을 통해 삶의 진실을 통찰하고 진여를 추구하는 삶으로 불국정토를 이룩하는 것이 불교의 목표라고 생각한다면 불교 트랜스휴머니스트들의 저런 주장은 그럴듯하게 들린다. 불교적 수양이 최종적으로 목표로 하는 것은 현재 인간의 상태를 극복하고 온전히 불성을 깨우친 상태, 다시 말해 최고로 고양된 상태인 열반의 경지에 이르는 것이다. 트랜스휴머니즘 역시 현재 인간의 조건을 극복하고 지속적인 향상과 인위적 진화를 통해 고양된 인간, 즉 포스트휴먼이 되는 것을 목표로 한다.

불교 트랜스휴머니즘은 불교와 트랜스휴머니즘의 인간 이해 및 목표의 공통성을 내세우며 양자 사이의 결합 가능성을 주장한다. 제임스 휴스를 중심으로 마이클 라토라, 그리고 캐나다의 생명윤리학자이자 미래학자인 조지 드보르스키George Dvorsky 등이 대표적인 인물들이다.

불교 트랜스휴머니즘에 따르면 불교와 트랜스휴머니즘 사이에 목표가 일치한다. 문제는 고통으로부터의 해방, 행복하고 올바른 삶, 궁극적으로 깨달음에 이르는 방법에서 양자 사이의 차이다. 불교는 끝없는 개인적 수양을 방법으로 삼지만 트랜스휴머니즘은 첨단 과학기술의 수단에 의존한다. 트랜스휴머니즘은 삶의 물질적 조건을 변경하는 방식으로 고통의 극복과 행복의 획득을 추구한다. 스마트 약물을 섭취하거나, 유전자의 변형을 꾀하거나, 신경보철을 활용하거나, 아니면 인간과 컴퓨터를 결합하는 등 다양한 방식의 시도가 가능할 것이다. 반면 불교는 도덕적 수양, 자연과 인간을 포함한 삼라만상에 관한 지혜의 탐구, 명상 수행 등 인간의 마음을 닦는 방식을 제안한다. 그래서 트랜스휴머니즘과 불교는 비슷한 목표를 가진 듯하지만 목표에 도달하는 방법에서는 대립적으로 보인다.

그러나 불교 트랜스휴머니스트들은 양자의 방법을 대립적인 것으로 보지 않고 양립 가능한 것으로 본다. 더욱이 불교의 전통적인 수행 방법과 트랜스휴머니즘의 기술적 향상의 방법이 상호 보완적이라고 주장한다. 그래서 불교 트랜스휴머니스트들은 불교의 전통적인 수행 방법과 기술적 수단에 의한 향상의 방법을 결합하여 사용할 것을 제안한다. 불교 트랜스휴머니스트들이 이렇게 주장할 수 있는 근거를 불교의 방편upaya 개념에서 찾을 수 있다.

전통적으로 불교에서는 수양을 위해 효과적인 방법을 강구하는 것을 장려했다. 특히 대승불교에서 방편을 매우 중요하게 다루는데, 중생에게 가르침을 설하기 위해 적절하고 효과적인 길을 찾을 필요가 있다고 보기 때문이다. 붓다의 가르침은 대상에 따른 유연함을 특별히 잘 보여 주는데, 가르침을 받는 각각의 사람이 자신만 가르침을 받고 있다고 느낄 만큼 각자에게 가장 적절한 방식을 찾아 설법이 이루어졌다고 한다. 문헌으로 보면 대승불교의 초기 경전인 『십지경』에서 십바라밀 가운데 일곱 번째가 방편 바라밀이

불교 트랜스휴머니즘

불교는 현재의 인간 상태를 불완전한 것으로 보고 붓다의 가르침을 통해 완성된 상태에 이를 수 있다고 믿는다. 불교 트랜스휴머니스트들은 이런 불교와 트랜스휴머니즘의 인간 이해와 목표의 공통성을 내세우며 양자의 결합 가능성을 주장한다.

며,『법화경』의「방편품」은 대승불교 방편 사상의 근본 이념을 담은 것으로 알려져 있다.

방편에서 '방'은 '방법'을 의미하고 '편'은 '적용'을 뜻한다. 방편은 '가까이 다가가다', '도달하다'라는 뜻의 산스크리트어 동사에서 파생한 말이며, 중생이 불교적 목적에 다가가기 위한 수단을 의미한다. 방편은 여러 의미로 사용되는데, 수행 과정에서 수행의 성공을 위해 활용되는 다양한 수단이나 도구를 의미하기도 하고, 가르침 자체를 의미하기도 한다. 붓다는 중생이 불교의 궁극 목표인 깨달음에 이르도록 가르침을 펼쳤는데, 그런 점에서 보면 붓다의 가르침 역시 중생이 깨달음에 이르게 하기 위한 방편이라고 할 수 있다.

불교 트랜스휴머니스트들은 과학기술 역시 고통의 극복과 깨달음의 획득을 위한 방편으로 여길 수 있다고 말한다. 일반적으로 불교는 기독교에 비해 과학기술에 관대하다. 그래서 수행의 과정에서 과학기술 활용을 삼가야 할 것을 명시하지 않는다. 오히려 트랜스휴머니스트들은 깨달음에 도달하기 위해서라면 과학기술을 방편으로 삼는 것을 불교가 적극적으로 장려할 것이라고 해석한다. 달라이 라마는 불교의 목표가 "서양 과학의 목표와 같은 것"이라고, 다시 말해 "인류에 공헌하고 더 나은 인간을 만드는 것"이라고 말한 적이 있다.

트랜스휴머니즘은 정말 불교적일까?

이제 불교 트랜스휴머니즘을 조금 비판

적으로 살펴보려고 한다. 트랜스휴머니즘이 정말 불교적일까? 트랜스휴머니스트들은 고로부터의 해방을 추구한다는 점에서 불교와 트랜스휴머니즘이 공통적이라고 했는데, 양자가 언급하는 '고'가 동일한 것 같지 않다. 트랜스휴머니즘이 제안하는, 고통으로부터 해방되는 첫째 방법은 몸의 한계를 극복하는 것이다. 불교에 따르면 우리는 오온으로 구성되어 있다. 우리는 오관으로부터 자유롭지 않고, 그래서 온갖 욕망이 생겨나고 그것에 얽매여 있다. 또한 우리는 생물학적 몸을 가지고 있으므로 온갖 질병으로 고통받는다. 그래서 트랜스휴머니즘은 인간을 몸으로부터 해방시키고 질병을 극복하면 우리의 삶이 고로부터 벗어날 것이라고 믿는다.

그런데 이것은 불교에서 말하는 고를 피상적으로 이해한 것이다. 사실 고의 원인은 무상함에 있다. 몸의 자연적 한계 때문에 우리 인생에 고가 있는 것이 아니다. 불교는 열반을 이야기하지만 우리의 몸을 부정하지 않는다. 몸을 우리로부터 제거할 수 있다고 믿지 않는다. 몸이 사라진 뒤에 영혼만이 남아서 열반에 드는 것이라고 주장하지도 않는다. 영혼불멸설은 초기 불교가 등장할 때, 인도의 다른 교파의 주장이었으며 불교에 수용되지 않았다.

우리가 몸으로부터 해방된다고 해서 모든 욕망이 소멸하고 정신의 평화로운 상태에 도달할 수 있을까? 고행의 역설이라는 것이 있다. 붓다가 출가한 뒤 초기 약 6년 동안 당시 유행하는 온갖 고행을 수행한 적이 있다. 악이나 고통의 근원이 몸이라고 생각하여 몸에 고통을 가하는 방식으로 몸의 요소를 잊게 만들고 파기한다는 것인데, 나중에 붓다는 이것이 제대로 된 수행 방법이 아님을 깨달았다. 고행을 하는 목적은 육체로부터 비롯하는 문제, 고통과 고뇌, 욕망을 제거하는 것이다. 그런데 육체의 욕망을 그런 식으로 억압하고 통제하면 오히려 그 잠재적 욕망은 더 커진다. 그렇게 억압된 욕망은 작은 자극에도 폭발할 수 있다. 그래서 고행은 지속할수록 그것을 통해 억압하려는 욕망이 더 커지고, 결국 고행은 실패하기 마련이다. 이것이 고행의 역설이다. 또한 고행은 고통에 중독되는 효과를 불러올 수도 있다. 고행이 수단이 아니라 목적이 되는 것이다. 기술과 연관 지어 보면 성형 중독 같은 것을 떠올릴 수 있다. 트랜스휴머니스트들이 주장하는 기술적 인간 향상이 고행과 유사한 운명에 빠지지 않을 것이라고 장담하기 어렵지 않을까?

불교 트랜스휴머니즘은 불멸을 추구한다는 점에서 불교와 트랜스휴머니즘이 동일하다고 주장한다. 그런데 불교는 불사불멸을 추구하지 않는다. 다시 말해 죽음을 두려움의 대상으로 이해하지 않는다. 부처님은 생로병사라는 자연적 현상을 부정하지 않으며, 죽음을 두려운 것이라고 말하지도 않는다. 죽음에 대한 두려움은 일체 만물의 무상성을 자각하지 못했기 때문에 생기는 것이다. 일체 만물이 무상하다는 것을 깨닫는다면 죽음을 두려워할 이유가 없으며, 죽음에 대한 두려움이 없다면 불멸에 대한 욕망이 생길 리도 없다. 영생이나 불사에 대한 추구, 죽음에 대한 공포 같은 것은 불교적인 사고가 아니다. 몸의 부분들을 교체해 가면서, 혹은 몸을 기계로 대체하거나 우리의 존재 양상을 바꾸어서 불멸을 추구한다는 것은

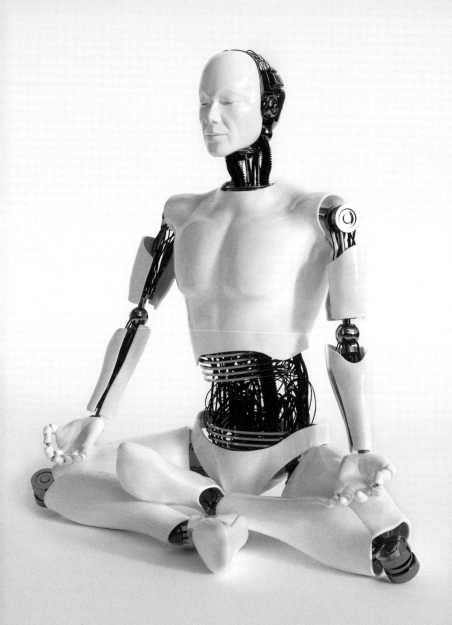

종교와 트랜스휴머니즘

기독교와 불교 진영에서 트랜스휴머니즘에 긍정적으로 접근하는 이들이 있다는 사실은 트
랜스휴머니즘이 종교적 특성을 가지고 있다는 점을 말해 준다. 그러나 트랜스휴머니즘에서
말하는 초월이 과학기술에 의한 몸의 변화에 초점이 맞추어져 있다면 기독교나 불교에서
말하는 초월은 궁극적인 마음의 변화를 가리킨다는 점에서 다른 점도 적지 않다.

인간 본성 깊숙한 곳에 숨겨진 갈애를 표출하는 것일 뿐이다. 그리고 죽음을 극복해서 불사한다고 해서 지극히 행복한 상태, 즉 열반에 드는 것이 아니다. 우리가 고에 얽매여 있는 것은 갈애 때문이지 죽는 존재이기 때문이 아니다. 불교의 핵심 가르침은 갈애를 제거해야 한다는 것이지 영원히 사는 길에 대한 것이 아니다.

불교는 수행 정진을 통해 깨달음을 얻고 열반의 경지에 오르는 것을 목표로 하며, 트랜스휴머니즘은 기술을 이용해 인간 자신을 향상시키고 그리하여 포스트휴먼이 되는 것을 목표로 한다. 현재의 상태를 극복하여 현재와 다른 존재, 생물학적 인간을 넘어선 존재, 즉 초월적 존재가 되는 것을 목표로 한다. 불교 트랜스휴머니스트들은 이 점에서 불교와 트랜스휴머니즘이 일치한다고 주장한다. 그런데 이것은 불교의 가르침인 해탈에 대한 오해가 아닐까? 포스트휴먼이 되는 것은 일종의 초월적 존재가 되는 것으로 이해할 수 있지만, 열반의 경지에 이르는 것이 초월적 존재가 되는 것은 아닌 듯하다. 미망에 사로잡혀 있고 온갖 번뇌로 괴로워하는 현재의 상태를 넘어섰다는 의미에서, 갈애를 끊고 마음의 평온을 얻었다는 의미에서 초월이라고 할 수 있지만 그것이 초월적 존재가 되는 것을 의미하지는 않는다. 불교에서 올바른 수행의 길은 몸의 변화가 아니라 궁극적인 마음의 변화를 통하는 것이다. 불교에서 초월을 이야기할 수 있다면 그것은 트랜스휴머니즘에서 말하는 초월과 달리 내재적 초월이다. 초월은 안으로부터 이루어지는 것이지 밖으로부터 과학기술에 의한 인간 향상을 통해 이루어지는 것이 아닐 것이다.

트랜스휴머니즘의 종교적 요소

트랜스휴머니즘은 과학기술에 대한 낙관적 기대에 토대를 둔 사상이므로 종교와 이질적일 것이라고 생각하기 쉽다. 그런데 앞에서 살펴보았듯이 대표적인 종교인 기독교와 불교에서 트랜스휴머니즘의 주장과 종교적 신념 사이에 일치하는 부분이 많다는 견해를 갖고 있는 이들이 등장했다. 이른바 기독교 트랜스휴머니스트와 불교 트랜스휴머니스트이다. 기독교 진영과 불교 진영에서 트랜스휴머니즘에 긍정적인 태도로 접근하는 이들 사이에 유사성도 있지만 차이점도 크게 보인다. 불교 트랜스휴머니스트들은 트랜스휴머니즘이 핵심 목표 등에서 불교와 일치함을 강조한다. 반면 콜터너와 같은 기독교 트랜스휴머니스트는 현대 트랜스휴머니즘을 세속적 트랜스휴머니즘이라고 규정하고 진정한 의미에서 트랜스휴머니즘이라고 할 만한 것은 기독교적 전통에 뿌리를 둔 기독교 트랜스휴머니즘이라고 주장한다.

종교 진영에서의 트랜스휴머니즘 수용은 기독교 쪽이든 불교 쪽이든 모두 그 뿌리가 튼튼해 보이지 않는다. 아직 이론적 토대가 빈약해 보이며, 각 진영에서 어느 정도의 호응을 얻어 낼 수 있을지도 미지수다. 현재는 소수의 사람들만 지지하고 있는 듯하다. 그리고 트랜스휴머니즘에 포함된 종교적 요소는 트랜스휴머니즘 비판자들이 지적하는 점이기도 하다. 그럼에도 트랜스휴머니즘이 종교 진영에 수용되고 종교와 결합해서 발전할 가능성이 있음을 기독교 트랜스휴머니즘과 불교 트랜스휴머니즘이 보여 준 것만은 사실이다. 그리고 트랜스휴머니즘을 종교적 관점에서 바라볼 때 얻을 수 있는 통찰이 있다. 일반적 믿음과 달리 트랜스휴머니즘이 종교적 특성을 지니고 있다는 사실이다. 기독교 트랜스휴머니즘과 불교 트랜스휴머니즘의 등장은 이 사실을 뒷받침하는 것이 아닐까?

3부

세계

7장

생태 위기에 맞서
다른 미래를 이야기할 수 있는가?

김애령

●
○

생태적 성찰,

다른 이야기가 필요하다　　　2020년 초에 출간한 『포스트휴먼이 몰려온다』에서는 기계지능, 사이보그, 인공자궁, 소셜로봇, 가짜 뉴스, 기본 소득, 마이크로워크, 인류세와 같은 키워드들로 이미 도래해 있는 포스트휴먼의 현실을 가시화했다. '2020년'은 오랫동안 SF로 상상해 오던 바로 그 세계, 기술적 대상들이 일상의 일부가 되는 그 연대의 시작으로 보였다. 그리고 2020년의 초엽부터 실제로 우리는 그 현실에 급격히 빨려 들어갔다. 우리의 일상을 SF적 현실로 급격히 몰아넣은 강력한 행위자는 코로나19 바이러스였다. 지구의 긴 역사에서 전혀 새롭지 않은 이 나노 크기의 물질은 짧은 시간 안에 많은 것을 변화시켰다. 그리고 이제 우리는 포스트휴먼이라는 주제에 대해 다시 생각해 보게 되었다.

포스트휴먼으로 살아간다는 것은 무엇인가? 포스트휴먼은 일차적으로 인공적 초지능의 출현, 마인드 업로딩을 통한 불멸이라는 소망, 인간 향상과 신체 변형 기술에 대한 꿈, 디지털 가상 세계에서의 삶 같은 것을 떠올리게 한다. 하지만 이 글에서는 첨단 기술이 제공하는 가능성이라는 '우리를 눈멀게 하는 밝은 빛'에서 눈을 돌려 우리가 살고 있는 이 지구의 땅과 바닷속, 그리고 하늘 위를 둘러볼 것이다. 비판적 포스트휴머니즘을 출발점 삼아 근대적 인간중심주의anthropocentrism와 오만한 인간 예외주의human exceptionalism를 비판적으로 성찰하려 한다. 그것을 위해 포스트휴먼이라는 개념으로 인간과 비인간 존재자들이 서로 얽혀 만들어 가는 생태계의 문제를 살필 것이다. 지구 생태계에 닥치고 있는 절박한 위기를 직시하고 거기에서 벗어날 출구를 찾기 위해, 여전히 큰 힘을 발휘하고 있는 '서구·근대·남성·인간중심주의'적인 '기술·역사·인류의 무한한 진보'라는 낡은 믿음에서 벗어나, 대안적 전망과 다른 이야기가 필요하다는 것을 생각해 보고자 한다.

첫 번째 장면:

고래의 죽음   리베카 긱스Rebecca Giggs의 『고래가 가는 곳』의 서문은 이렇게 시작한다.

몇 년 전 나는 해변으로 떠밀려 온 혹등고래를 바다로 돌려보내는

좌초한 고래들

고래들이 해변가로 떠밀려 와 고통스럽게 죽어 가는 현상은 최근 들어 점점 늘어 가고 있다. 고래의 좌초는 새로운 현상이 아니다. 그러나 그 수가 최근 늘어나고 있음이 분명하다. 고래는 왜 좌초하는가?

일에 자원했다. 가까스로 바다로 밀어낸 고래는 다시 밀려왔고, 나는 그 고래가 해변에서 제 무게에 짓눌려 죽는 모습을 지켜봤다."[47]

해안으로 밀려온 고래는 그 무게가 수십 톤에 이르기 때문에 아무리 많은 사람이 모여 돕는다 해도 다시 바다로 돌려보낼 수 없다. 물가까지 겨우 밀어낸다 하더라도 스스로 헤엄쳐 나가지 못하는 고래는 다시 해변으로 밀려온다. 좌초한 고래는 쉽게 죽지 못하고 끔찍한 고통을 받으며 오랜 시간 동안 서서히 죽어 간다. 고래의 두꺼운 피하지방층은 바닷속에서라면 체온 유지를 돕겠지만 바다 밖에서는 엄청난 열을 발생하면서 고래를 질식시킨다. 또한 육지의 중력은 고래의 육중한 척추와 갈빗대를 내리눌러 부수고 내장과 살을 터뜨린다. 그렇게 고통 속에 죽어 가는 고래를 안락사 시키는 일도 쉽지 않다. 안락사를 위해서는 엄청난 양의 맹독을 써야 하고, 그 중독된 사체를 처리하는 일도 만만치 않다.

　고래의 좌초는 새로운 현상이 아니다. 그러나 그 수가 최근 늘고 있음은 분명하다. 고래는 왜 좌초하는가? 여러 가설이 있다. 별자리의 신비한 영향, 군사용 음파탐지기로 인한 교란, 포경으로 고아가 된 어린 고래들의 경로 이탈 등이 그 원인으로 거론된다. 그러나 긱스는 이 거대하고 신비한 생명체의 생사에는 "어떤 특별한 이유도, 어떤 은밀한 까닭도 없었다"라고, 고래들이 죽어 가는 가장 중

47　리베카 긱스, 『고래가 가는 곳』, 배동근 옮김(바다출판사, 2021), p. 13.

요한 이유는 "[인간이] 일상의 편의를 도모하는 것들, 생각 없이 버린 폐기물 때문이었다"라고 지적했다. "비닐하우스, 방수포, 호스와 밧줄, 화분, 스프레이 통, 합성 포대자루 조각, 매트리스 조각, 옷걸이 몇 개, 음식 찌꺼기 거름망, 아이스크림 통, 버려진 어업 도구들－그물, 주낙, 통발, 그리고 굴 양식 선반" 같은 해양 쓰레기가 스페인 해안에 좌초한 향고래의 뱃속에 담겨 있었다.

마구잡이 포경에 맞선 그린피스의 노력이, 그리고 많은 사람들의 애정 어린 관심이 고래의 멸종을 막고 개체 수를 늘리고 있지만, 생활 쓰레기를 뱃속에 가득 채운 고래들이 호주, 미국, 영국, 캐나다, 남아메리카, 스페인 등지의 해안으로 밀려와 좌초하고 있다.

두 번째 장면:

인류세의 50년　　2022년 11월 15일, 유엔 인구국은 세계 인구가 80억 명을 넘어섰다고 발표했다. 1974년 40억이었던 인구는 48년 만에 두 배가 되었다. 보도에 의하면 유엔 인구국은 "이 [인구 증가]는 공중 보건과 영양, 개인 위생과 의학의 발전으로 인한 인간 수명의 점진적인 증가와 일부 국가에서 꾸준히 높게 유지되고 있는 출생률 덕분이라고 설명했다". 세계 인구는 200년 만에 여덟 배가 되었다. 전 세계적인 출생률 저하로 인구 증가가 둔화하고 있다고 하지만, 80억 인구로 인해 지구 생태계가 져야 하는 부담은 막대하다.

세계 인구가 두 배로 늘어나는 지난 50여 년 동안 지구는 어떻게, 얼마나 달라졌을까?

달라진 지구

지난 50년 동안 전 세계 화석연료 사용량은 세 배 늘었고, 지구 표면의 평균 온도
는 1도가량 상승했으며, 평균 해수면은 10센티미터 올라갔고, 모든 어류와 식물 종
의 4분의 1에서 개체 수 감소가 일어났다. 지구는 "여섯 번째 대멸종"을 향해 가고
있다. 지구 생태계는 계속 생존할 수 있을까?

1969년 이후 전 세계적으로 인구는 두 배가 되었고, 아동 사망률은 절반으로 줄어들었으며, 평균 기대 수명은 12년 늘어났고, 47개 도시가 1000만 명 넘는 인구를 자랑하게 되었고, (다국적 기업의 상품화된 종자로 만들어진 단일 품종의 대농장 시스템 덕분에) 곡물 생산량이 세 배로 증가했고, (품종 개량과 공장식 축산 덕분에) 육류 생산량이 세 배 늘었고, 연간 도살되는 가축의 수가 돼지는 세 배, 닭은 여섯 배, 소는 50퍼센트 이상 증가했으며, (인공 양식 기술 덕분에) 해산물 소비는 세 배가 늘었고, 인간이 매일 만들어 내는 폐기물은 두 배 이상 늘어났고, 버려지는 음식쓰레기가 크게 늘어나 지구상 영양 부족 상태에 놓인 사람들에게 필요한 식량의 양에 맞먹는 상태이고, 사람들이 매일 사용하는 에너지의 양은 세 배 늘었고, 지구상 20퍼센트가 전 세계에서 생산되는 전력의 절반 이상을 사용하게 되었고, (그 에너지 생산의 6퍼센트는 원자력이 차지한다.) 전 세계 화석연료 사용량은 세 배 정도 늘었고, 화석연료 사용으로 인해 매년 1조 톤의 이상화탄소가 대기 중으로 방출되고, 지구 표면의 평균 온도가 화씨 1도가량 상승했으며, 평균 해수면이 10센티미터가량 상승했는데, 그 절반 정도는 산맥과 극지방의 빙하기 녹아내리며 발생한 것이고, 모든 양서류 및 새와 나비 종의 절반 이상에서, 모든 어류와 식물 종의 4분의 1에서 개체 수 감소가 일어나고 있다.[48]

---

48 호프 자런, 『나는 풍요로웠고, 지구는 달라졌다』, 김은령 옮김(김영사, 2020),

위의 통계 수치는 낯설지 않다. "여섯 번째 대멸종"을 향해 가는 인류세의 외면할 수 없는 징후는 이미 드러나 있다. 지구 생태계가 계속 생존할 수 있을까? 파키스탄 국토 3분의 1을 잠기게 한 대홍수, 미국 캘리포니아의 호수를 말라붙게 한 가뭄, 알프스 산정의 빙하를 녹아 쏟아지게 만든 기온 상승 등 2022년 한 해 동안에 우리가 목격한 지구의 기후 재난은 이 질문에 부정적인 답을 제시한다.

지구의 생존 시계는 이미 자정을 향해 가고 있는 듯하다. '게임은 끝났다'. 지구 생태계를 예전과 같이 되돌리기 위해 무엇인가를 하기에는 너무 늦었다는 절망감이 무겁고 우울한 미래 전망에서 눈을 돌리고자 하는 냉소주의적 외면을 낳고 있다. '기후 위기 같은 것은 없다'는 허구적 믿음은 이런 토양 위에서 자라난다.

다른 한편 인류는 어떻게든 이 문제를 해결할 것이라는, 첨단 기술이 그것을 가능하게 할 것이라는 기술적 해결technofix에 대한 낙관주의가 있다. 지속 가능한 지구 생태계를 위해 풍요로운 생활, 쉽게 쓰고 버리는 라이프스타일, 풍족한 에너지 소비 같은 것을 바꿀 수 있을까? 그것은 쉽지 않다, 혹은 불가능할 것이다. 그보다는 첨단 기술에 인류의 미래를 걸어 보자, 우리를 풍요롭게 해 준 그 첨단 기술이 결국 인류를 구원할 수 있지 않을까?

253~255쪽. 호프 자런은 자신이 태어난 해인 1969년을 기점 삼아 그 이후 50여 년간 지구가 어떻게 얼마나 변화했는지 다양한 통계 수치를 인용해 보여 준다.

세 번째 장면:

탈출과 화성 이주 계획   만일 기술로도 지구 생태를 회복할 수 없다면? 그래도 인류는 살아남을 것이다. 어떻게든 기술이 인류를 생존하게 할 것이다. 지구라는 속박에서 벗어나 다행성 종족multi-planetary species으로 진화하는 인류의 미래를 꿈꿀 수 있다. '그들'은 그렇게 믿고 있다.

머지않은 미래에 로켓들이 화성에 착륙하게 된다면 그것은 위대한 탐험의 순간 이상의 커다란 의미를 띠게 된다. 그야말로 인류의 보험증서와도 같다. 생태계 파괴와 핵전쟁 발발 가능성 등의 실패를 포함해, 인류가 지구라는 행성을 지키며 지속적으로 살아가는 것에 대한 현실적인 위협이 분명히 존재한다. (…) 이러한 일이 발생하기 전에 인류는 우주여행을 하는 종이 되어 단순히 다른 행성뿐 아니라 궁극적으로 다른 태양계에서도 살 수 있는 능력을 갖추어야 한다. 화성으로 이주하는 최초의 인간은 인류의 생존을 위한 가장 큰 희망이다. 이들의 작은 기지가 정착지로 발전하고, 어쩌면 빠르게 확산될 새로운 종이 탄생할지도 모른다.[49]

---

49   스티븐 L. 퍼트라넥, 『화성 이주 프로젝트: 생존하라, 그리고 정착하라』, 구계원 옮김(문학동네, 2016), 16~17쪽.

비판적 포스트휴머니즘의 관점

비판적 견지에서 포스트휴머니즘은 서구 근대 휴머니즘의 한계를 성찰하는 '휴머니즘 이후', '탈휴머니즘'을 의미한다. 이 관점에 따르면 근대 휴머니즘의 '인간' 범주는 특정한 역사적, 문화적 구성물이다. '인간 본성'은 타고난 본질이 아니라 사회적이고 규범적인 협약일 뿐이다. 그러므로 다음과 같은 사실을 인정하는 것은 어렵지 않다.

우리가 늘 인간이었다거나 단지 인간일 뿐이라고 누구나 확실하게 말할 수 있는 것은 아니다. 서양의 사회적, 정치적, 과학적 역사에서 과거뿐 아니라 지금도 어떤 이들은 충분히 인간으로 인정받지 못하고 있다.[50]

규범적 협약으로 제시되었던 인간 개념은 근대 역사 안에서 '성별화된, 인종화된, 자연화된' 타자들을 배제하고 차별하고 억압하는 범주로 작동했다. '서구/유럽/백인/중산층/교육받은/비장애인/이성애자/남성'을 인류 보편의 표준 대리인으로 범주화한 그 규범적 협약은 그 표준 이외의 모든 인간 타자들을 '인간-이하', '인간-외부'의 존재자로 만들었다. 그러나 20세기 중반을 거치면서 근대 휴머니즘의 신화는 포스트모더니즘, 포스트식민주의, 페미니즘의 비판을 통해 해체되기 시작했다. '비판적 포스트휴머니즘'은 '비판적 포스트

50　로지 브라이도티, 『포스트휴먼』, 이경란 옮김(아카넷, 2015), 8쪽.

모더니즘'의 휴머니즘 해체로부터 이 문제의식을 가져온다.

비판적 포스트휴머니즘은 포스트모더니즘과 달리 단지 담론 권력의 차원에서 근대 휴머니즘을 비판하는 것에 머물지 않는다. 비판적 포스트휴머니즘은 첨단 기술의 발달과 더불어 전통적인 '인간', '인간적임'의 의미가 달라지고 있다는 사실을 직시한다. 인간과 비인간 존재자를 구별 짓게 한 '이성/합리성/정신적… 본질'이나 '언어 소통/도구 사용/사회 구성/창조/추상적 사유… 능력' 등의 규범적으로 부여된 인간 본성의 고유성은 실질적으로 파열하기 시작했다. '사유 능력' 같은 인간 고유의 것으로 규범화해 온 능력과 자질을 나누어 갖는 기술적 존재자들인 '테크노사피엔스'의 출현은 '인간이란 무엇인가?'를 다시 묻게 한다.

포스트휴먼 생태학

비판적 포스트휴머니즘의 또 다른 구성적 원천은 생태적 사유다. 생태적 관점은 지구상의 모든 생명이 상호 연결되어 있으며 서로가 없이는 생존하지 못한다는 사실을 직시한다. 지구 생태계 안에서 인간이라는 종은 분리된, 독자적인, 유일한 행위자가 아니다. 철학적 인간학에 근거한 휴머니즘은 '인간 동물'을 다른 '비인간 동물들'과 구별되는 예외적인 동물, 즉 두 발로 걷고, 손을 사용하고, 높은 지능을 지니고, 도구를 사용하고, 말하고, 생각하고, 놀이를 하고, 영혼을 지니고, 슬픔과 부끄러움을 알고, 사회를 구성하는 특별한 동물로, 신과 자연 사이의 존재로 이해해 왔다. 그러나 많은 동물

행동학자들은 비인간 동물들도 말하고 소통하며, 도구를 사용하고, 놀이를 하고, 학습하고, 사회를 구성하고, 기억하고, 애도하고, 서로 돕는다는 사실을 이미 보여 주었다.

그럼에도 인간 예외주의는 인간이 자연에 대해, 비인간 동물들에 대해, 다른 생명에 대해, 지구의 자원에 대해 독단적이고 배타적인 권리와 권한을 갖는다고 상상하게 한다. 그리고 그 결과 인간은 '대멸종의 지질학적 연대기', '인류세'의 주인공이 되었다. 인간은 생태계의 일부이며, 결코 예외적인 주인공이 될 수 없다는 사실을, 다른 모든 생명과 연결되어 지구상의 다른 모든 존재자와 얽혀 살고 죽는 존재자라는 사실을 이해하게 하는 생태적 관점은 비판적 포스트휴머니즘에 중요한 통찰을 제공한다.

반면 포스트휴머니즘은 생태주의적 관점이 빠져들기 쉬운 맹점을 채워 준다. 역사적으로 생태주의에는 여러 갈래가 있어 왔지만, 전통적으로 생태주의가 자연 대 기술이라는 이분법 아래 구조화되어 왔음은 부인할 수 없다. 생태주의는 대체로 산업혁명 이후 급격히 발달해 온 근대 기술의 맹목성을 의심한다. 이 의심은 근대 기술의 진보가 자연 생태를 값싼 재료로 다루면서 대상화하고 착취해 왔다는 사실에 근거한다.

그러나 비판적 포스트휴머니즘은 이제 기술이 개입되지 않은 자연, 문화적·기술적 인공물과 분리된 야생은 있을 수 없다는 사실을 인정한다. 자연 대 기술, 야생 대 문화, 유기체 대 기계의 이분법은 이미 내파되었으며, 이 세계 안에서 기술적 개입으로부터 유리된 순수한 자연 혹은 야생 같은 것은 없다는 것이다. 따라서 포스트휴먼 관점에서 생태적 사고는 모든 생성과 소멸을 생명체, 인공물, 기술적 대상, 물질들이 서로 얽혀 만들어 내는 전체 연관 안에서 포착하고 파악해야 한다는 사실을 인정한다. 포스트휴먼 생태학posthuman ecology이라는 개념은 이와 같은 관점을 담고 있다.

에코페미니즘과 포스트휴먼 생태학

1974년, 프랑수아즈 도본Françoise d'Eaubonne이 에코페미니즘ecofeminism이라는 용어를 제안한 이래로 이것은 다양한 갈래로 전개되어 왔기 때문에 하나의 주장으로 환원할 수 없다. 하지만 다양한 갈래의 에코페미니스트들은 공통적으로 남성 중심주의적인 사유 체계와 가부장제 이데올로기가 여성과 자연 모두를 착취하고 억압하는 토대가 되었다고 비판한다.

문화적 생태여성주의자 캐런 워런Karen Warren에 의하면 여성은 '자연화'되고 자연은 '여성화'되는 과정에서 서로 긴밀하게 연결된다. 즉 여성은 '암소, 여우, 병아리, 뱀, 암캐, 비버, 늙은 박쥐, 고양이' 등으로 묘사될 때 자연화되는 것이며, 자연은 남성들에 의해 '겁탈당하고, 정복되고, 침범되고, 파괴되고, 침투되고, 지배되거나 어머니의 품이나 대지 등으로 추앙받을 때' 여성화되는 것이다.[51]

---

51 이상헌, 『생태주의』(책세상, 2011), 93쪽.

또한 에코페미니스트들은 여성이 남성보다 더 자연 친화적이라고 주장해 왔다. 여성은 아이를 낳고 기르며, 살림을 하고 생명을 돌보면서 흙과 자연에 더 가까운 정서와 삶의 양식을 갖게 된다는 것이다. 그런 의미에서 에코페미니즘은 자연 파괴적인 과학기술에 적대적이고, '자연 대 문화'의 이분법을 '여성 대 남성'의 이분법과 연결 지어 비판적으로 살피는 관점을 유지해 왔다. 그래서 때로 다른 페미니스트들로부터도 본질주의적이라는 비판을 받아 왔다. 여성이라고 모두 자연에 가깝거나 생명 친화적인 것은 아닐뿐더러, 보편적인 여성적 본질 같은 것을 상정하는 것은 위험하다는 것이다. 그러나 에코페미니즘이 언제나 이 같은 본질주의적 관점에 매여 있는 것은 아니다. 오늘날 에코페미니스트들은 인류세의 곤경에 맞서 미래를 열어 갈 대안적 이야기에 기술적 대상들이 포함된 포스트휴먼 생태계 전체에 대한 사유가 포함되어야 함을 인식하고 있다.

포스트휴먼 에코페미니즘의 다른 이야기

기후 위기로 인한 자연재해, 대멸종, 숲의 파괴, 폐기물로 인한 해양과 대기 오염 등으로 망가진 지구 생태계를 회복하기 위해 우리는 어떻게 세계를 다시 구축할 수 있을까? 비판적 포스트휴머니즘과 만난 에코페미니즘은 기술적 대상이 포함된 포스트휴먼 생태계 전체에 대한 사유와, 인간과 비인간 존재자들의 상호작용과 공동 생산에 대한 인식을 통해 인류세의 곤경을 헤쳐 나갈 다른 이야기를 만들어 가고자 한다.

지구 생명의 역사를 다시 쓰기 위하여

오늘날 에코페미니스트들은 지구 생명들이 처한 위기에 맞설 대안적 이야기에 기술적
대상 등을 포함하는 포스트휴먼 생태학의 사유를 받아들여야 한다고 인식하고 있다.
에코페미니즘은 포스트휴먼 관점에서 지구상의 모든 존재들이 서로 연결되어 있다는
단순한 사실로부터 지구가 처한 곤경을 마주하고자 한다.

'인류'의 관점에서 쓰인 '진보'라는 플롯, 지구상의 모든 비인간 행위자들을 도구이자 대상으로 환원하는 인간 예외주의, 기술적 해결에 대한 낙관적 맹신, 자기 종의 진화를 설계할 신적인 존재가 되고자 하는 욕망은 지구 역사를 구성해 온 하나의 단순한 사실을 외면한다. 그것은 어떠한 생명도 홀로 살지 못하고, 어떤 존재자도 고립적으로 존립하지 못하며, 모든 개별 상황은 복잡한 관계의 산물이고, 그 어떤 생성에도 의도나 기획을 뛰어넘는 우연적이고 다양한 힘들의 상호작용과 내부 작용이 함께한다는 사실이다. 포스트휴먼 관점에서 에코페미니즘은 바로 이 단순한 사실, 즉 서로 연결되어 있으며 함께 만들어 가는 생명들의 관계를 이해하는 것으로부터 지구가 처한 곤경을 마주하고자 한다. 포스트휴먼 생태학의 관점에서 가부장적 인간중심주의를 벗어나 지구 생명의 역사를 다시 쓸 수 있을 때, 아마도 인류는 이 곤경에 책임 질 수 있게 될 것이다.

진화생물학자인 린 마굴리스Lynn Margulis, 문화인류학자인 애나 칭Anna Lowenhaupt Tsing, SF 작가 어슐러 르 귄Ursula Le Guin, 과학자인 도나 해러웨이Donna Haraway 등의 페미니스트들은 포스트휴먼 생태학의 관점에서 생각을 나누고 대화하면서 새로운 관점의 대안적 지구 생태 이야기를 함께 엮어 갈 착안점을 제공해 준다.

공생자 행성

"아주 최근까지 많은 사람들이—아마도 특히 과학자들이—삶을 종에서 종으로 이어지는 재생산의 문제로 상상해 왔다." 생명을

그 자신만의 진화적, 환경적 도전에 직면해야 하는 개별 종의 자기
복제로 이해해 온 기존의 세계관을 바꿀 새로운 증거가 제시되기
시작했다. 진화발생생물학자들은 많은 유기체들이 다른 종과의 상
호작용을 통해서만 발달할 수 있다는 것을 발견했다. 예를 들어 하
와이짧은꼬리오징어는 박테리아와 접촉하지 않고서는 발광 기관을
발달시키지 못한다. 기생말벌인 아소바라 타비다의 암컷은 박테리
아가 없이 난자를 생산하지 못한다. 인간도 이로운 박테리아 없이
음식을 소화하지 못한다. 인간 신체 세포의 90퍼센트를 차지하는
박테리아가 없이 우리는 아무것도 할 수 없다. 진화발생생물학자들
은 공생은 예외가 아니라 '규칙'이며, 자연은 개체보다 '관계'를 선
택하는 것 같다고 말한다.[52]

우리가 아무리 자기중심적으로 생각해도 생명은 훨씬 폭넓은 계를
이룬다. 우리 피부 바깥(그리고 안쪽)에 있는 수백만 종들은 물질과
에너지 측면에서 믿을 수 없을 만큼 복잡하게 의존하고 있다. 지구
의 이 이질적인 존재들은 우리의 친척이자, 우리의 조상이자, 우리
의 일부다. 그들은 우리의 물질을 순환시키고, 우리에게 물과 양분
을 준다. '남'이 없다면 우리는 살아갈 수 없다. 우리는 살아 있는 물

---

52 Anna Lowenhaupt Tsing, *The Mushroom at the End of the World: On the Possibility of Life in Capitalist Ruins*(Princeton University Press, 2015), p. 139.

을 통해 공생하고, 상호작용하고, 상호 의존하던 과거와 연결된다.[53]

마굴리스는 지구 위의 모든 생명이 서로 연결되어 살고 죽으며 공진화하고 있을 뿐만 아니라, 지구 자체가 복잡한 생리 과정을 통해 유지되는 하나의 몸이라고 주장한다. 그녀에 따르면 "생명은 행성 수준의 현상이며, 지구는 적어도 30억 년 동안 살아 왔다."[54]

마굴리스는 인간은 지구 생명의 중심이 아니며, 인류가 지구의 생존을 책임질 수 있다고 생각하는 것 자체가 오만이라고 지적한다. 이 공생자 행성, '가이아Gaia'의 긴 역사에서 최근에 번성하기 시작한 인류는 가장 강력하고 위험한 종이 되었을지는 모르지만 가장 중요한 종은 아니다. "우리는 인간 종 특유의 오만함을 버려야 한다."[55]

더불어 되기, 함께 만들기

모든 생명체는 관계 안에서 살아간다. 해러웨이는 마굴리스의 주장을 이어받아 모든 생명체는 공구성적co-constructive 관계의 산물이라는 사실을 강조한다.

이러한 공구성적 관계를 이루는 어느 쪽도 관계보다 먼저 존재하지

---

53 린 마굴리스, 『공생자 행성』, 이한음 옮김(사이언스북스, 2007), 196~197쪽.
54 린 마굴리스, 앞의 책, 202쪽.
55 린 마굴리스, 앞의 책, 211쪽.

않고, 이런 관계를 한 번에 맺어 완성할 수도 없다.[56]

　생명체들의 공구성적 관계는 다형적이고, 안정적이지 않으며, 시작도 끝도 없다. 그것은 "교향악을-통한-생산, 절대 홀로 있지 않은 채 다른 세계들과 늘 얽힌 채로" 함께 만들기sympoesis에 참여하는 것이다. 해러웨이는 어떤 것도 자기 자신을 스스로 만들지 못한다는 것, 어떤 것도 자율 생산적autopoietic이거나 자기 조직적이지 않다는 것을 지적한다. "지구 생명체들은 결코 혼자가 아니다never alone."[57] 존재하는 모든 개체는 다른 것들과 더불어 되기becoming with로 살아간다. 아주 작은 박테리아에서부터 지구 생명 전체Gaia에 이르기까지 생명체들은 서로 얽혀 있다.

다른 세계 짓기

　함께 만들기를 통해 복수 종들은 함께 세계를 짓는다. 인간 종은 스스로를 예외적 동물로 규정하면서 인간 이외의 모든 존재자들에 대한 지배와 착취를 정당화하는 서사를 만들어 왔다. 이 인간중심적으로 구축된 파괴적이고 폭력적이며 무책임한 세계를, 다양한 종들과 더불어 되고 함께 만들며 살아갈 수 있는 세계로 다시 지을

56　도나 해러웨이, 「반려종 선언」, 『해러웨이 선언문』, 황희선 옮김(책세상, 2019), 130쪽.
57　도나 해러웨이, 『트러블과 함께하기』, 최유미 옮김(마농지, 2021), 107쪽.

수 있을까?

해러웨이는 다른 세계 짓기reworlding를 위해 먼저 이 세계의 주인공을 바꾸고 이야기를 다시 짜는 과정이 필요하다고 주장한다. 우리에게는 다른 세계 짓기를 위해 새로운 전망을 담은 이야기가 필요하다는 것이다. 그 이야기 속에서 다양한 종들이 함께 살아가게 될 세계를 다시 만들어 갈 가능성을 찾을 수 있다고 생각한다.

이 다른 세계 짓기의 이야기는 지구 위 모든 인간과 비인간 행위자들이 상호작용과 내적 작용으로 함께 만들어 가는 세계를 포착하고 그린다. 세계는 인간이라는 거만한 종만의 것이 아니다. 상호 의존이 이 다른 세계 짓기 게임의 이름이 되어야 하고, 그것은 응답과 존중의 게임이어야만 한다. 지구 생태계의 위기에 요청되는 윤리적 책임이 있다면 그것은 바로 이 게임의 규칙을 인정하는 데서 출발해야 한다. "희망은 여기에 있다."

다시

화성 이주 계획　　다시 화성 이주 계획으로 돌아가보자. 다행성 인류의 진화를 위해 화성을 생명이 살 수 있는 땅으로 만들 수 있을까? 다른 행성을 인간이 살 수 있는 곳으로 만들기 위해서는 먼저 테라포밍terraforming이 필요하다. 다른 행성이나 천체의 환경을 지구 생태계와 비슷하게 변화시켜 인간이 살 수 있는 행성으로 개조하는 작업을 의미하는 이 말은 칼 세이건Carl Edward Sagan이 1961년에 금성의 테라포밍을 제안하면서 등장했다.

인간의 생명 유지는 유기체 및 생물과 같은 에너지원의 존재를 필요로 한다. 이와 같은 에너지원이 존속하기 위해서는 액체 상태의 물이 필요하며, 유기물 합성이 가능한 대기와 토양 조건 등 다양한 지구과학적 조건을 충족시켜야 한다.[58]

화성이 인류의 첫 정착지로 거론되는 이유는 화성 극지방에서 얼음의 흔적이 발견되고 대기가 존재하기 때문이다.

그러나 화성은 지구와 비교했을 때, 약 1퍼센트 정도밖에 되지 않는 얇은 대기를 가지고 있으며, 대부분 이산화탄소로 구성되어 있다. 또한 태양으로부터 거리가 멀고 대기가 얇기 때문에 평균 기온이 -63℃ 정도로 매우 낮다. 그뿐만 아니라 자기장층의 부재, 지구의 3분의 1에 해당하는 작은 중력 등 또한 지구화에 어려움을 주는 요소다.[59]

한나 아렌트Hannah Arendt는 왜 인류는 지구 위에서 해결할 수 있는 일을 외면하면서 불가능해 보이는, 지구를 벗어나는 일에 온 자원과 에너지와 기술을 쏟아붇는지 묻는다.

---

58 두산백과의 '테라포밍' 항목 참조.
59 앞과 같음.

1957년, 인간이 만든 지구 태생의 한 물체가 우주로 발사됐다. 이 물체는 거기서 몇 주 동안 태양이나 달, 별과 같은 천체들이 회전하는 동일한 중력의 법칙에 따라 지구를 공전했다. 인간이 만든 이 위성은 달도 아니고 별도 아니었다. 다시 말해 지구의 시간에 묶여 있고 언젠가 죽을 운명의 인간에게는 영원하게 느껴질 시간 동안 궤도를 따라 움직이는 그런 천체가 아니었다. 그런데 이 물체는 잠시 동안이나마 하늘에 머물러 있을 수 있었다. 마치 일시적으로 웅대한 전체의 일원이 된 것처럼 무수한 전체들 속에 거주하며 움직였다. (…) "인류는 지구에 영원히 속박된 채 있지는 않을 것이다."[60]

아렌트는 "우리가 모두 아는 것처럼 지구는 우주에서 인간이 별다른 노력 없이 그리고 어떤 인공물도 없이 움직이고 숨 쉴 수 있는 거주지를 제공하는 유일한 곳"이라는 사실을 지적한다.[61] 그리고 그 거주지를 만드는 과정에서 "지구의 반려종들은 테라포밍이라는 오래된 예술에 종사한다."[62] 반려종들이 얽히고설킨 공생과 공진화의 오랜 역사 없이 지구에서와 같은 테라포밍이 가능할 것인가? 지구의 테라포밍은 전 역사를 거쳐 모든 물질들과 생명들이 함께 얽혀 만들어 온 것이다. 그것을 해러웨이는 복수종의 세계 짓기, 테라

60 한나 아렌트, 『인간의 조건』, 이진우 옮김(한길사, 2019), 76~77쪽.
61 앞의 책, 77쪽.
62 도나 해러웨이, 『트러블과 함께하기』, 최유미 옮김(마농지, 2021), 25쪽.

폴리스terrapolis라고 부른다.

무수히 많은 복수종의 생명체들, 물질들, 기술적 인공물들이 함께 얽혀 만든 이 지구 환경을 다른 행성으로 옮길 수 있다는 꿈은 무엇을 드러내고 무엇을 감추는가? 이 꿈을 위해 그들은 지금 무엇을 하고 있는가?

우리가 주의하지 않는 것, 그래서 너무 당연히 드러나 있지만 그럼에도 보이지 않는 것은 바로 이런 것, 넘쳐나는 우주 쓰레기 같은 것이다. 다른 한편 기술적 해결을 믿는 포스트휴먼들의 시야를 벗어난 곳, 너무 당연히 알 수 있어야 하지만 모르고 있거나 모르는 척하는 것, 너무나 보이지만 보지 않는 것들이 있다. 그중 하나가 지구 위 가난한 지역에 유해 물질을 배출하며 쌓여 가는 전자 쓰레기다.

더 나은 이야기

만들기   작은 노력에 대해 냉소적인 시선을 보내는 비판적 이론가들은 그 작은 노력으로는 이 지구적 위기를 해결할 수 없다고 본다. "성과가 있어야만, 혹은 더 나쁘게는, 〔우리가〕 하는 모든 일이 어떤 문제를 해결하는 경우에만 중요하다고 생각한다." 그들은 "우리가, 인간을 포함한 지구의 생명이 허용할 수 있는 어떤 방식으로도 정말 끝났다고, 종말이 정말로 가까이 왔다고 결론 내릴 만큼 자신이 많은 것을 알고 있다고 생각한다."[63] 물론 지구가 처

---

63 도나 해러웨이, 앞의 책, 12쪽.

한 곤경은 심각한 문제다. 그러나 문제의 심각성을 인정하는 것과 "추상적인 미래주의와 그 숭고한 절망의 정서와 무관심의 정치학에 굴복하는 것 사이에는 아주 미세한 차이가 있다."[64]

이야기를 바꾸는 것, 포스트휴먼 생태학의 관점에서 남성인간 중심주의적인 서사, 우뚝 솟은 예외적 인간의 영리함으로 점철된 플롯을 뒤집는 일은 '작은 노력'에 불과한 것일까? 어떤 이야기는 다른 이야기보다 더 나빴고 나쁘다. 그 나쁜 이야기가 많은 것을 맹목으로 남겨 두었고, 그릇된 믿음을 유포했으며, 삶을 망가뜨렸다. 우리에게는 더 나은 이야기가 필요하다.

르 귄은 인류의 역사를 지배해 온 사냥꾼과 전쟁 영웅 서사가 놓친 것에 대해, 그 무기, 도구, 기술과 제작, 분투와 성공의 이야기에 의해 가려진 것들에 대해 이야기한다. 지배적인 이야기, 하늘을 향해 머리를 치켜든 남성 인간의 영웅적 승리 이야기, 빛나는 미래와 진보의 이야기에 가려진 더 오래된 이야기를 말한다. 그녀는 "무기라는 늦은, 사치스러운, 불필요한 도구가 나오기 이전에", "단검과 도끼보다 훨씬 전에" 나왔을 '장바구니'에 대해, '인간 진화의 장바구니론'에 대해 이야기한다. 어떤 영웅도 길을 떠나 여행하는 동안 먹고 마실 식량을 채집해 담을 바구니가 필요했을 것이다. 엘리자베스 피셔Elizabeth Fisher는 『여자들의 창조』에서 다음과 같이 말했다.

64   도나 해러웨이, 앞의 책, 13쪽.

아마 최초의 문화적 장치는 그릇이었으리라. 많은 이론가들이 가장 이른 문화 발명품은 분명 채집물을 담을 용기와 멜빵이나 그물 형태의 운반 수단이었으리라 생각한다.[65]

"만일 기술 영웅techno-heroic이라는 선형적이고 진보적인 시간의 (살해하는) 화살 모두를 피한다면, 기술과 과학을 지배의 무기가 아니라 우선 문화의 장바구니로 다시 정의한다면" 르 귄은 기술의 미래에 대한 상상이 종말론적이지 않아도 되리라 생각한다. 해러웨이는 르 귄의 이 이야기를 읽으면서 약간의 물과 거저 주고받을 수 있는 작은 씨앗을 담은 장바구니로부터 이야기가 시작된다면 거기에는 절멸이나 탈출보다 더 현실적으로 지구 생태계가 처한 곤경 안에서 함께 만들고 더불어 되면서 함께 살아가는 일을 상상할 수 있게 할 것이라고 생각한다.

그리고 더 나은 이야기를 갖게 된다면 알아차리게 될 것이다. 인간은 결코 지구 역사의 주인공이 아니라는 것을, 지구 생태계는 인류의 생존에 무관심하다는 것을, 인류가 이 생태계가 제공하는 생존의 기회를 결코 외면해서는 안 된다는 것을, 기술적 해결에 대한 막연한 믿음은 지금 우리가 해결해야 하고 해결할 수 있는 문제들을 외면하는 것에 불과하다는 것을, 왜 화성 이주 계획이 위험한지를,

---

65   어슐러 르 귄, 『세상 끝에서 춤추다』, 이수현 옮김(황금가지, 2021), 295쪽에서 재인용.

그리고 좌초된 고래를 구하기 위해 무엇이 필요한지를 말이다.

해양 오염은 고래 같은 상위 포식자의 몸에 독성을 축적시킨다. 고래 자신에게는 큰 문제가 되지 않을 수 있지만, 고래 고기를 먹는 이들이나 고래의 사체가 심해에 가라앉을 때 위험은 커진다. 고래의 독성은 바다 전체를 오염한다. 고래의 삶과 죽음은 그렇게 다른 모든 종들, 모든 물질들과 얽혀 함께 만들어진다. 그렇기 때문에 고래를 구하고자 한다면 우리는 그 연결 관계 전부를 함께 살펴야 한다. 불법 포경을 감시하고 멸종 위기종을 보호하는 것만으로 우리는 고래를 구할 수 없다. 한 생명을 살리기 위해서라도 우리는 여기, 이 지구 위 포스트휴먼 생태계로 눈을 돌려야 한다.

우리의 뿌리는 어둠 속에 있어요. 땅이 우리의 나라예요. 왜 우리가 주위를 둘러보고, 아래를 내려다보는 대신 위를 올려다보며 축복을 구했을까요? 우리의 희망은 아래에 있어요. 궤도를 도는 감시 위성과 무기들이 가득한 하늘이 아니라, 우리가 내려다보며 살아온 땅에 있어요. 위가 아니라 아래에 있어요. 눈을 멀게 하는 빛이 아니라 영양분을 공급하는 어둠에, 인간이 인간의 영혼을 키우는 곳에 있어요.[66]

66   어슐러 르 귄, 앞의 책, 211~212쪽.

8장

포스트코로나,
동물과 공존하는 삶은 가능할까?

송은주

인간에 대한

새로운 정의　　포스트휴먼을 글자 그대로 풀면 '인간 이후의 인간' 혹은 '인간을 넘어선 인간'이다. 철학적인 관점에서는 전통적인 휴머니즘 이후의 새로운 인간 정의를 구한다는 의미일 테지만 우리 중 많은 이들은 이 단어에서 제일 먼저 유전공학, 보철 기술, 인공지능, 로봇 등등 SF에 등장할 법한 화려한 최첨단 과학기술과 결합한 아이언맨 같은 초인간을 떠올릴 것이다. 어느 쪽에서 보든 포스트휴먼의 정의에 동물이 개입할 여지는 별로 없어 보인다. 인간과 함께, 아니 인간보다 먼저 지구상에 있었지만 인간이 아니며 인간보다 못한 존재들. 포스트휴먼이 말 그대로 인간 이후든 이전이든 오로지 인간에 관한 이야기일 뿐이라면 포스트휴먼의 이야기에 동물의 자리는 없는 것이 맞을 것이다. 그러나 포스트휴머니즘 이론가인 캐서린 헤일스는 "포스트휴먼의 사이버네틱스적인 측면을 강조하지만, 중요한 것은 포스트휴먼이 되기 위해서 반드시 말 그대로 사이보그일 필요는 없다"라고 말한다. 포스트휴먼을 판가름하는 결정적인 특징은 "비생물적 요소의 존재 여부(즉 기계와의 접합)가 아니라 주체성이 구성되는 방식"이기 때문이다.[67] '주체성이 구성되는 방식'이라니 무슨 의미일까? 로봇과 인공지능, 메타버스의 시대에 동물이 우리의 주체성이 구성되는 방식과 어떤 관계가 있을까?

이 문제를 생각해 보려면 먼저 전통적인 휴머니즘에서 인간 주체를 구성한 방식이 어떤 것이었으며, 동물이 이 과정에서 어떤 관련이 있는지를 짚어 보아야 할 것이다. 포스트휴머니즘의 관점에서 동물과 인간의 관계를 연구해 온 철학자 캐리 울프Cary Wolfe는 동물은 오랫동안 대문자 인간the Human의 구성에 타자로 기능해 왔다고 말한다. 휴머니즘의 이상적 주체인 대문자 인간으로 초월하기 위해서는 동물the animal, 혹은 동물성the animalistic을 희생시켜야만 했다는 것이다.[68]

그의 말대로 동물은 인간과의 관계에서 인간을 인간답게 만들어 주는 데 중요한 역할을 했다. 인간도 동물이라고 흔히 말하듯이

---

67 캐서린 헤일스, 『우리는 어떻게 포스트휴먼이 되었는가』, 허경 옮김(열린책들, 1994), 27쪽.

68 Cary Wolfe, *Animal Rights: American Culture, the Discourse of Species, and Posthumanist Theory*(University of Chicago Press, 2003), p. 6.

인간에게도 식욕이나 성욕 같은 본능을 비롯해 동물성이 있다. 그러나 근대의 휴머니즘은 자율적이고 합리적인 인간 주체의 이상을 설정해 놓고 이러한 이상적인 주체의 속성으로 적합하지 않은 부정적 속성을 모두 인간 아닌 타자의 것으로 돌리는 이분법적 체계 위에 세워졌다. 이 과정에서 인간이 동물과 공유하는 동물성 또한 오로지 동물만의 속성으로 재개념화되었다. 돼지는 탐욕스럽고 불결하며, 닭은 멍청하고, 늑대는 포악하며 잔인하다. 이렇게 탐욕스러움, 불결함, 우둔함, 도덕적 사악함과 잔인함 같은 부정적 속성을 동물의 본능으로 귀속시킴으로써 인간은 저급한 동물성을 초월한 이상적인 지배 주체가 될 수 있었다.

이렇게 차이를 가지고 이분법적 위계질서를 구축하여 인간 주체의 지배적 지위를 확립하는 과정은 비단 동물과의 관계를 통해서만 이루어진 것은 아니다. 이분법의 반대 항에는 동물 외에도 여성, 유색인종, 빈민, 장애인을 비롯해 인종, 계급, 젠더상의 타자들이 놓였다. 철학자 브라이도티는 우리가 언제나 다 같은 인간은 아니었다는 말로 『포스트휴먼』의 서두를 열었다.[69] 그의 말대로 오랫동안 여성과 유색인종은 온전한 인간 축에 끼지 못했다. 여성은 아이를 낳고 양육한다는 생물학적 특성 때문에 자연 또는 동물에 더 가까운 존재로, 그러므로 더 사물화될 수 있는 존재로 간주되었고, 유색인종 또한 마찬가지였다. 그들은 진화의 사다리에서 인간과 유인

---

69   로지 브라이도티, 『포스트휴먼』, 이경란 옮김(아카넷, 2015), 3쪽.

원 사이 어디쯤에 위치했으므로(사실 유인원 쪽에 더 가까웠다) 역시 인간이라기보다는 자연의 일부였다.

이렇게 백인 남성을 중심에 놓고 이를 기준으로 다른 존재들의 서열을 매기는 휴머니즘의 세계관에는 현실적인 이점이 있었다. 여성, 유색인종, 동물은 사물에 더 가까운 것이 됨으로써 이들에 대한 지배와 소유, 착취가 정당화되고 더 수월해진다. 여성이 온전한 자신만의 권리와 행위성을 가진 개인이 아니라 남성의 소유물이라면 그를 자기 뜻대로 이용하는 데 일일이 허락을 구할 필요가 없다. 이런 논리에 따라 유색인종의 노동력을 착취하고 물건처럼 소유하며 사고 팔 수 있었다. 내 물건을 내가 함부로 쓴다고 물건에게 미안할 필요는 없다. 그러나 오랜 시민권 투쟁을 거쳐 여성과 유색인종은 이제 인간으로서의 온전한 권리를 보장받을 수 있게 되었다. 그렇다면 인간 아닌 동물은 어떨까? 그들은 여전히 우리가 마음대로 착취하고 이용해도 좋은, 물건에 가까운 열등한 타자일까?

최근 동물권에 대한 논의가 많은 관심을 끌고 있다. 한때 흑인, 여성, 어린이, 장애인은 도덕적 지위가 있는 존재들이 모인 도덕 공동체의 구성원으로 받아들여지지 않았으나, 역사적으로 도덕 공동체의 범위는 점차 확장되어 왔다. 이제 동물도 도덕적 지위를 부여받고 그 안에 포함되어야 한다는 주장이 점차 힘을 얻고 있다. 톰 레건Tom Regan은 자의식과 기억이 있는 삶의 주체라는 측면에서 동물, 특히 일부 고등동물은 인간과 다르지 않으며, 동물에게도 인간과 같은 도덕적 권리가 있다는 동물 권리론을 주장하는 대표적인

동물에게도 도덕적 권리가 있는가

오랫동안 동물은 인간 주체의 지배적 지위를 확립하는 과정에서 사물에 가까운 존재로 간주되어 왔다. 비단 동물뿐만 아니라 여성, 유색인종, 장애인 등도 마찬가지였다. 그러나 최근에는 이제 동물도 도덕적 지위를 부여받고 도덕 공동체의 일원으로 받아들여져야 한다는 주장이 힘을 얻고 있다.

철학자다. 레건에게서 출발한 기존의 동물권 논의는 동물의 도덕적 권리와 학대받지 않을 권리를 강조했으나, 최근 논의는 이를 넘어 동물의 권리를 정치적 기본권으로 확장하고 있다. 즉 동물에게 법인격legal personhood을 부여함으로써 동물의 정치적 지위와 권리를 보장해 주려는 것이다. 2022년 4월, 제주 해역에 서식하는 남방큰돌고래를 보호하기 위하여 '남방큰돌고래 생태 법인'을 만들자는 토론회가 열린 것은 이러한 동물권 운동의 변화하는 흐름을 보여 준다.

그러나 스위스에서는 랍스터조차도 끓는 물에 산 채로 넣어서는 안 된다는 엄격한 동물 학대 관련 규제가 있는 반면, 공장식 축산에서 벌어지는 온갖 동물 학대 행위에 대한 법적 제재는 거의 없거나 있어도 유명무실한 것이 현실이다. 역사상 그 어느 때보다도 많은 수의 동물들이 열악한 환경에서 고통스럽게 삶을 이어 가다 잔인하게 죽임을 당하고 있다. 왜 어떤 동물들은 존중받아야 할 대상에서 예외가 되는가? 현재 동물들이 처한 삶의 조건에서 이 엄청난 간극을 어떻게 이해해야 할까?

인간의 시대, 인류세의 동물들

요즘 대한민국의 출생률은 국가 소멸을 걱정해야 할 정도로 수직 낙하하는 반면, 아이를 낳는 대신 개나 고양이 등 반려동물을 입양하는 사람들이 점점 늘어나고 있다. 용어부터 귀여워해 줄 장난감 같은 느낌을 주던 '애완동물'에서 삶을 함께 하는 동반자라는 의미의 '반려동물'로 바뀌었다. 이런 변화는 그들의 존재가 인간 주인을 즐겁게 해 주고 위안을 제공해 주는 데서 우리가 책임지고 더불어 살아가야 할 존재로 변화한 인식을 반영한다. 반려동물의 사료, 옷, 액세서리, 영양제 등등 온갖 것을 파는 산업도 나날이 성장 추세다. 예전 같으면 날이 개든 궂든 한뎃잠을 자고 식구들이 남긴 잔반을 처리하다 복날이면 시장으로 끌려가던 개가 이제는 거실 한복판을 차지하고 앉아 다이어트용 특수 사료를 먹는다. '개 팔자가 상팔자'라는 옛말은 이제 다른 의미로 참말이 되었다.

그러나 주위를 둘러보면 반려동물 말고 다른 동물들은 우리 눈에 잘 띄지도 않는다. 다람쥐는 마음먹고 등산이나 해야 볼 수 있고, 산에 가면 멧돼지를 주의하라는 표지판은 가끔 보여도 멧돼지가 어디 사는지 기척도 없다. 우리는 대부분의 동물들을 슈퍼마켓에서 부위별로 포장된 고깃덩어리의 형태로 만난다. 최근 인공지능 프로그램에 '강에서 헤엄치는 연어'를 입력했더니 회 뜬 연어 살점이 강물에 둥둥 뜬 기괴한 이미지가 출력되어 화제가 되었다. 초인적인 능력을 지닌 듯한 AI가 실은 얼마나 멍청한지를 보여 주는 사례로 조롱의 대상이 되었지만, 사실 AI는 잘못이 없다. AI는 딥러닝을 통해 입력된 세상의 이미지 중에서 확률적으로 가장 존재할 가능성이 큰 것을 보여 준다. 연어만이 아니라 소, 돼지, 닭 등의 동물들은 이미 죽어서 본래 모습을 잃고 가공된 상품으로 우리 손에 온다. 비닐랩에 싸인 고깃덩어리에서 살아 있을 때의 모습을 떠올리기는 어렵다. 우리는 그들이 어떻게 살다가 어떻게 죽었는지, 어떤 고통을 겪었는지 알 수 없다.

반려동물과 공장식 축산, 이 두 개의 키워드는 오늘날 우리가 동물과 맺고 있는 관계의 극단적인 양면을 보여 준다. 그러나 반려견과 산란계의 삶은 전혀 다른 세상에 속한 듯이 보이지만, 따뜻한 아랫목의 폭신한 방석에 앉아 있든, 비좁고 어두운 축사에 갇혀 있든 이들의 처지가 인간의 필요에 따라 결정되며 탄생부터 죽음까지 존재의 전 과정이 인간에 의해 관리되고 통제된다는 점에서는 비슷하다. 인간이 인간 이외의 모든 존재에 대해 절대적인 삶과 죽음의 권력을 행사하게 된 오늘의 상황이 바로 인류세의 현실이다.

현재 지구상의 포유류의 총질량을 100퍼센트로 보았을 때, 인간의 질량은 30.5퍼센트, 가축은 66.6퍼센트이고, 육지에 사는 야생 포유류는 2.7퍼센트에 불과하다. 다시 말해서 인간과 인간을 위해 존재하는 동물들이 전체 포유류의 97퍼센트에 육박한다. 1만 년 전에는 야생동물이 99.9퍼센트, 인간이 0.1퍼센트였지만, 생태계가 인간을 중심으로 완전히 재편된 셈이다. 한때 지구상에 존재한 많은 생명체들이 이미 멸종했거나 멸종을 눈앞에 두고 있다. 유엔 세계생물다양성위원회의 추정에 따르면 하루 150종이 멸종하고 있으며, 2030년까지 지구 종 전체의 20퍼센트가량이 멸종하게 될 것이고, 21세기 말까지는 100만 종이 절멸할 위험이 있다. 현재 종 다양성의 손실 비율은 6500만 년 전 공룡이 멸종한 사건의 강도와 비슷하다. 지구 역사상 있었던 다섯 차례의 대멸종에 이어 여섯 번째 대멸종이 현실로 다가오고 있다는 경고가 나오는 이유다. 반려동물이건 가축이건 인간은 이제 인간과의 관계 속에서 살아가는 동물 이외에는 지구상에 거의 남겨 놓지 않았다.

가축의 수가 이렇게 엄청나게 불어난 것은 동물성 단백질에 대한 수요가 폭증했기 때문이다. 요즘만큼 인류가 많은 양의 단백질을 소비한 시대는 없었다. 역사 초기의 수렵 시대와 사육 시대를 거쳐 20세기 초반 공장식 축산의 시작과 함께 후기 사육 시대에 들어섰지만, 그 이전까지는 동물 단백질은 얻기 힘든 귀한 영양분이었다.

현대에 동물성 단백질의 주요 공급원은 닭이다. 프라이드 치킨이 우리나라에서만 인기 음식인 것은 아니다. 전 세계적으로 약 230억 마리의 닭이 사육되고 있으며, 미국인들은 80년 전에 비해 150배나 더 많은 닭을 먹고 있다. 영국과 남아프리카공화국 연구팀은 2018년 발행된 학술지『영국 왕립 오픈 사이언스』에 실린 논문에서 식육용 닭이 인류세의 도래를 알리는 가장 충격적인 증거일 수 있다는 결론을 제시했다. 인류가 지구온난화나 전염병, 핵전쟁 등으로 멸망한다면 오랜 시간이 지나 새로운 문명은 쓰레기 매립장에서 화석화된 수많은 닭 뼈를 발견하게 될 것이라고 연구팀은 결론지었다.

우리는 인류세, 다른 이름으로는 '닭의 시대'에 살고 있다. 공장식 축산업도 닭으로부터 시작되었다. 1923년 델마바에서 닭 몇 마리를 치던 주부 실리어 스틸Celia Steele에게 무엇이 문제였는지 주문했던 병아리 50마리 대신 500마리가 온 것이 시초였다. 스틸은 일단 병아리들을 키워 보기로 했고, 닭의 숫자는 1926년에 1만 마리,

1935년에 25만 마리까지 불어났다. 스틸이 닭 치기 천재였을까? 그럴 수도 있다. 하지만 닭의 사료에 비타민 A와 D를 첨가하는 방법이 발견되지 않았더라면 아무리 닭 치기 천재라 해도 비좁은 실내에서 제대로 운동도 하지 못하고 햇빛도 못 쬔 닭들이 그렇게 살아남아 불어나게 할 수는 없었을 것이다. 비타민 이외에도 인공부화기, 닭의 성장 주기를 조절하는 자동 조명을 비롯한 혁신적 기술이 공장식 축산업의 시대를 열었다.

데카르트는 동물을 영혼이 결여된 일종의 자동기계라고 주장하여 동물 애호가들의 원성을 샀다. 동물은 언어 능력과 이성을 갖지 못했으므로 영혼을 가지고 있지 않고, 따라서 동물의 반응은 모두 외부의 자극에 대한 기계적 반응일 뿐이라는 것이었다. 동물이 칼에 찔려 비명을 지른다 해도 시계 초침이 똑딱이며 움직이고 때가 되면 종을 치는 것과 마찬가지일 뿐 인간처럼 고통을 느낀다고 볼 수는 없다. 데카르트의 충실한 제자들은 그의 말에 따라 죄책감 없이 동물을 산 채로 해부하는 실험을 했다.

이제는 데카르트와 제자들처럼 동물이 고통을 느끼지 못한다고 믿는 사람들은 없을 것이다. 그러나 우리는 데카르트와는 다른 방식으로 동물을 기계로 바꾸어 놓았다. 공장식 가축 산업에서 닭은 효율적인 단백질 생산 기계, 다시 말해 '저가의 가축 사료를 고가의 고기로 전환하는 기계'가 되었다. 공장식 축산은 생산 기술의 혁신으로 육류 생산을 효율화하고, 생명공학 기술을 도입했으며, 로컬 경제에서 세계 경제로 판로를 개척하는 세 가지 혁신을 이루었다. 이 세 가지 혁신을 통해 가축은 기술과 결합하여 사이보그화되고, 생명으로서보다는 시장에서의 교환가치로 상품화되며, 전 지구적으로 생산되고 유통됨으로써 첨단 테크놀로지와 결합한 자본주의 경제 체제의 한 구성 요소로 편입되었다.

이렇게 공장식 축산에서 가축은 미국의 인류학자 카우시크 순데르 라잔Kaushik Sunder Rajan이 말한 생명자본이 된다. 라잔은 "자본주의의 총아로 부상한 생명공학이 생명을 통해 이윤을 창출하고 이속에서 과학기술 정보와 인간, 동물의 생체 물질 등이 자본의 주요대상이 되는 현상"을 생명자본이라 불렀다.[70] 이러한 공장식 축산의 구조 안에서는 가장 적은 자원을 투입하여 최고의 생산 효율을 올려 가장 많은 이윤을 내는 것만이 중요할 뿐 동물의 고통 같은 그외의 요소는 고려되지 않는다.

1935년에서 1995년까지 육계의 평균 무게는 65퍼센트 증가했고, 시장에 출하되기까지 걸리는 시간은 60퍼센트 감소했다. 현대의 닭은 유전자 조작과 품종 개량으로 원래의 토종 닭과 같은 닭이라고 하기 힘들 정도로 다른 모습이 되었다. 닭의 평균 수명은 10~15년이지만, 육계는 보통 생후 8~10주 사이에 도축된다. 성장 호르몬을 투여하고 하루에 네 시간만 조명을 켜 주어 죽지 않을 만큼만 재우는 식으로 성장 속도를 최대한 끌어올린다. 미국인들이 가장 선호하는 부위인 닭가슴살을 많이 얻을 수 있도록 유전자를

70   전의령, 『동물 너머』(돌베개, 2022), 129쪽.

공장식 축산

오늘날 우리는 '닭의 시대'에 살고 있다. 전 세계적으로 230억 마리의 닭이 사육되고 있고, 미국인들은 80년 전에 비해 150배나 많은 닭을 먹고 있다. 공장식 축산업의 시대도 닭으로부터 시작되었다. 공장식 축산업에서 동물은 생명으로서보다는 효율적인 단백질 생산 기계가 되어 자본주의 경제 체제의 구성 요소로 편입되었다.

조작한 육계는 가슴살이 너무 커져서 장기를 압박하기 때문에 그 이상 살지도 못한다.

공장식 축산에서는 병아리 때 다른 닭들을 쪼아 죽이는 카니발리즘을 막기 위해서 불에 달군 집게로 부리를 자르는 것이 관행이다. 하지만 닭들이 원래 성정이 난폭해서 서로 쪼아대는 것이 아니다. 타고난 본능대로 서열 짓기도 못하고 비좁고 불결한 닭장에 갇혀 있다 보면 스트레스가 극에 달한 닭들은 미쳐 가고, 결국 서로를 공격하게 된다. 우리가 데카르트와 다르게 생각한다 해도 닭들에게는 아무런 도움도 되지 못한다.

이처럼 고통받는 것은 닭만이 아니다. 돼지의 95퍼센트, 소의 78퍼센트도 공장식 축산업으로 사육된다. 그래서 소설가 조너선 사프란 포어Jonathan Safran Foer는 "당신이 지금 먹고 있는 접시 위의 돼지고기가 살아있을 때 고통받았을지 궁금해할 필요도 없다"라고 잘라 말한다.[71] 돼지는 영리하고 깔끔한 동물이지만 공장식 축산업에서는 이러한 돼지의 본능대로 사는 것이 허락되지 않는다. 바다에서 잡히는 물고기들이라고 해서 사정이 더 낫지는 않다. GPS 위치 탐사 장비와 전자 통신 장비 등 최첨단 기술과 수천 척의 대규모 선단을 동원한 현대의 어업은 공장식 축산 못지않게 폭력적이다. 트롤망 어업은 25~30미터 너비로 일대를 다 훑어 100여 종의 기타

---

71 조너선 사프란 포어, 『동물을 먹는다는 것에 관하여』, 송은주 옮김(민음사, 2011), 71쪽.

어종을 싹쓸이하고, 마구잡이로 잡은 바다 동물의 80~90퍼센트는 다시 바다에 버린다. 이런 식으로 바다 생물의 씨를 말리다시피 하며, 그 결과 해양 생태 전체의 다양성과 역동성이 크게 감소한다.

사육 시대까지는 가축과 농부는 상호의존적인 관계를 맺었다. 비록 고기를 얻거나 내다 팔기 위한 목적이라고 해도 농부는 가축들이 좀 더 편안하게 살 수 있도록 돌보았고, 자신이 키우는 동물들과 제한적이나마 정서적 관계를 맺었다. 20세기 초반 공장식 축산업의 등장은 가축과의 상호의존관계에 혁명적 변화를 가져왔다. 공장식 축산업은 인간과 동물 간의 일방적 지배 관계를 극한까지 밀어붙였으며, 동물을 도구화하고 착취의 대상으로 삼는 가장 극단적인 방식이 되었다.

단시간에 컨베이어 벨트의 속도에 맞추어 살인적인 양의 작업을 처리해야 하는 공장식 축산업의 시스템은 동물들뿐 아니라 그곳에서 일하는 인간들에게도 고통을 초래한다. 동물을 도살하기 전에 기절시켜 의식을 잃게 만들어야 한다는 동물 학대 방지 법규가 있지만, 노동자들은 이를 일일이 확인할 시간이 없다. 높은 작업 강도와 열악한 작업 환경으로 인한 스트레스 때문에 동물들에게 가혹 행위를 하는 사례도 있다. 수나우라 테일러Sunaura Taylor는 도살장은 동물의 생명은 물론 사람의 삶에도 가치를 두지 않는 시스템이라고 말한다.[72] 공장 측은 부상 입은 노동자들에게 합당한 보상을 제공하

---

72   수나우라 테일러, 『짐을 끄는 짐승들』, 이마즈 유리, 장한길 옮김(오월의봄,

지 않으며, 이런 열악한 노동 조건 탓에 불법 이민자 등 사회에서도 가장 취약한 처지에 있는 사람들이 주로 고용된다. 공장식 산업에서 드러나는 인간과 동물의 취약성은 이 산업이 자본의 논리에 따라 인간, 동물, 환경을 처분하거나 해고할 수 있고 대체 가능한 존재로 여긴다는 것을 폭로한다.

이러한 윤리적, 도덕적인 문제 외에도 공장식 축산이 정당화의 근거로 내세우는 경제적 효율성 또한 의문스럽다. 공장식 축산으로 생산된 고기에는 전통적인 방목으로 사육된 고기와는 비교할 수도 없을 만큼 싼 가격표가 붙어 있기 때문에 우리는 공장식 축산이 매우 경제적이며 효율적이라고 믿게 된다. 포어는 지난 50년간 새집 한 채의 평균 가격은 거의 1500퍼센트, 새 차 가격은 1400퍼센트 이상 올랐지만, 달걀과 닭고기 가격은 채 두 배도 오르지 않았다고 말한다.[73] 그러나 그 가격표에는 공장식 축산업으로 인하여 발생한 각종 외부 비용이 다 포함되어 있지 않다. 전염병이 퍼지기 쉬운 비좁고 불결한 환경에서 적은 비용으로 사육하고 가능한 한 오래 살려 두기 위해 가축들에게 퍼붓는 항생제와 호르몬 등 여러 가지 약물은 그것을 먹고 자라는 우리 아이들에게 장기적으로 어떤 효과를 가져올지 알 수 없다. 공장식 축산에서 배출되는 어마어마한 양의 배설물도 심각한 문제다. 공장식 축산업에 대한 회계감사원GAO 보

2020), 317쪽.
73   조너선 사프란 포어, 앞의 책, 168쪽.

고에 따르면 개개 농장들이 미국 도시 인구보다 더 많은 배설물 쓰레기를 만들어 낼 수 있으며, 미국의 농장 동물들은 인간보다 130배나 더 많은 배설물을 내놓는다. 그러나 이런 배설물 처리 기반 시설은 거의 없다. 이로 인해 심각한 환경 오염이 초래되지만, 이에 대한 비용은 축산업 회사들이 아니라 우리 모두가 치른다.

더 큰 문제는 대규모의 공장식 축산이 환경 파괴와 기후변화라는 인류세의 핵심 위기를 악화시키는 데 큰 몫을 하고 있다는 점이다. 고기를 생산하려면 엄청난 양의 자원이 필요하다. 목축업을 위해 남아메리카의 열대우림이 빠르게 개간되고 있는데, 이렇게 개간된 땅에서 가축을 먹이기 위한 콩이 주로 재배된다. 전 세계의 굶주린 사람들을 먹일 수 있는 콩이 가축의 사료로 이용되고 있는 것이다. 전 세계 곡물량의 50퍼센트가 동물을 먹이는 데 쓰이고 있다. 소고기 1킬로그램이 곡물 20킬로그램과 맞먹는다는 것을 생각하면 동물성 단백질에서 필요한 영양분을 공급받는 것은 효율이 매우 떨어진다.

이렇게 개간으로 열대우림이 파괴되면서 기후변화가 가속화한다. 2006년 유엔이 발표한 「가축의 오랜 영향」 보고서에 따르면 연간 이산화탄소 배출량 가운데 75억 2600만 톤 혹은 세계 연간 온실가스 배출량의 18퍼센트가 소, 버팔로, 양, 염소, 낙타, 말, 돼지, 가금류에서 비롯된다. 의외로 온실가스 배출의 주범으로 여긴 운송 분야의 배출량은 13퍼센트에 불과했다. 가축이 배출하는 메탄가스의 양도 만만치 않다. 2009년 월드워치연구소는 인간이 야기한 메탄 배출의 37퍼센트는 가축에게서 나온다고 보고했다.

이처럼 자본주의 경제 논리에 따른 환경 파괴와 자원 남용의 문제는 인류세의 부정적인 전망과 깊이 연관되어 있다. 기후 위기를 비롯하여 현재 우리가 직면한 문제를 인류 전체의 책임으로 돌리는 '인류세'라는 용어를 '자본세'로 대체해야 한다는 주장은 현재 위기의 근본적 원인이 자본에 있음을 직시한다. 고기에 대한 탐욕이 동물에 대한 학대를 야기할 뿐 아니라 우리의 삶의 기반 자체를 잠식하고 있다.

공장식 축산의 반대편 극단, 반려동물의 삶

이처럼 공장식 축산의 어둡고 비좁은 축사에서 짧고 비참한 생을 마감하는 닭과 돼지의 반대편에 반려동물의 전혀 다른 삶이 있다. 반려동물은 이제 우리의 삶 속에서 가족에 비할 만큼 없어서는 안 될 소중한 존재가 되었으며, 그에 걸맞은 세심한 돌봄을 받는다. 그러나 반려동물도 가축들이 엮여 있는 테크놀로지와 글로벌 자본주의 질서 바깥에 있지는 않다. 어떤 반려동물들은 인간 이상으로 귀한 대접을 받는 것이 사실이지만, 그 한편에는 한 해에도 수만 마리의 개들이 길에 버려져 안락사를 당하는 현실이 있다.

최근 입양에 대한 인식이 달라지고 있지만 여전히 많은 사람들이 인공적으로 번식된 강아지를 애견숍에서 취향에 따라 손쉽게 구매한다. 개들은 인간의 기호에 맞추어 많은 품종 개량을 거치거나,

셰퍼드처럼 귀를 뾰족하게 만드는 둥 여러 가지 성형과 가공을 받는다. 불도그의 짧은 다리나 푸들의 곱슬거리는 털과 같은, 인간의 눈에 사랑스러운 특정 형질을 얻기 위한 근친교배의 결과 달마티안은 청각 장애, 저먼 셰퍼드는 고관절 이형성증 둥 갖가지 유전병을 얻게 되었다. 이러한 인위적인 조작은 더 많은 고기를 얻기 위해 공장식 축산에서 취하는 조치와 다르지 않다.

애견숍의 사랑스러운 강아지들 뒤에는 더 많이, 더 저렴하게 개를 '생산'하려는 번식 공장의 참혹한 현실이 숨겨져 있다. 즉 반려동물 역시 공장식 축산의 가축들처럼 태어날 때부터 전 지구적인 자본의 그물망 속으로 들어오는 생명자본이며, 평생을 그 안에서 관리와 통제를 받으며 살아간다. 주인을 잃고 유기견 보호소에 들어온 개에게 생체 칩이 심어져 있지 않으면 안락사를 한다는 원칙은 반려동물 역시 이 생명자본의 관리 네트워크 밖에서 존재하는 것이 허용되지 않음을 보여 준다. 그래서 브라이도티는 동물들은 "그들을 모두 유사하게 상품화하고 평등하게 일회용으로 만드는 지구행성적 교환의 시장경제에 평등하게 기입되어 있"으며, "자연-문화 합성물인 집안의 반려동물들은 사이보그의 특질을 가진다"라고 했다.[74]

개를 키우는 많은 집들이 개를 집안의 막내 아기처럼 취급하고, 엄마는 개엄마, 아들은 개의 오빠 혹은 형, 딸은 누나나 언니로 부르

<hr>

74 로지 브라이도티, 앞의 책, 78쪽.

는 관행 또한 가정 내에서 반려동물의 위치에 대해 많은 것을 시사한다. 개의 수명은 15~20년이니 생후 10년이 넘었다면 인간의 나이로는 중년이겠지만, 늙어 죽을 때까지도 집안의 막내 역할을 도맡는 것이 반려견의 숙명이다. 개의 실제 나이나 경험과는 상관없이 언제나 온 가족에게 귀여움 받는 막내의 역할을 요구하는 상황에서 개가 이러한 가정의 질서에 어긋나는 뜻밖의 행동(실은 개다운 행동)을 할 때 인간 가족은 기대가 배신당한 당혹감을 느낀다.

개 사육사 강형욱이 나오는 텔레비전 프로그램 〈개는 훌륭하다〉에서는 주인의 아이를 문 개들의 사연이 종종 나온다. 개를 아무리 사람의 이름을 붙여 부르며 자식 혹은 형제로 취급한다 해도 개는 다른 종에 속한 타자다. 개가 아이를 물었다고 해서 사악하고 배은망덕하다고 생각하면 곤란하다. 개에게는 늑대의 본성이 남아 있어 서열 짓기를 한다. 개에게 아이는 나보다 서열이 낮은 상대였을 뿐이다. 개와 인간의 차이, 개의 근본적인 타자성을 인정하지 않고 인간 사회의 질서 속에 '개 아기'로 위치시키려는 시도는 또 다른 폭력이 될 수도 있다. 개는 브라이도티의 말대로 "소중한 타자이기는 해도 철저한 타자"다.[75] 해러웨이는 은유적으로라도 개를 털투성이 아이로 간주하게 되면 개와 아이 모두 품위가 떨어지며, 아이들은 물리고 개들은 죽임을 당하게 된다고 경고한다.[76]

---

75   로지 브라이도티, 앞의 책, 75쪽.
76   도나 해러웨이, 『해러웨이 선언문』, 황희선 옮김(책세상, 2019), 163쪽.

동물, 소중한 타자이면서 절대적 타자인 존재
동물과 아무리 친밀한 관계를 맺는다 해도 동물은 인간과 근본적으로
다르기 때문에 끝내 다 이해할 수 없는 존재라는 인식은 매우 중요하다.
아무리 나와 한 몸처럼 느껴져도 나와 다른 존재인 타자의 타자성에 대
한 인식이 없다면 진정한 존중도 없을 것이다.

강형욱은 개를 지나치게 사랑한 나머지 적절히 훈육하는 데 실패한 주인들에게 개와 공존하기 위해서는 무엇보다도 개가 우리와 다른 종에 속하는 다른 존재임을 인지해야 한다고 일깨운다. 이러한 환원 불가능한 차이에 대한 감각은 타자와의 관계에서 매우 소중하다. 나와 아무리 가깝고 친밀한 관계를 맺는다 해도 내가 끝까지 다 이해할 수 없는 상대, 아무리 나와 한 몸처럼 느껴져도 결국은 나와 다른 존재인 타자의 타자성에 대한 인식이 없다면 진정으로 상대를 존중할 수 없다.

해러웨이는 '무조건적으로 내게 사랑을 주는 대상'으로서의 반려견에 대한 신화에 비판적이다. 개의 조건 없는 충성심, 변함없는 애정이 종종 찬양의 대상이 되지만, 해러웨이는 조건 없는 사랑이란 자기애적 신경증에 불과하다고 말한다. 어쩌면 우리는 그처럼 순진무구하며 충성스럽고 애정 넘치는 존재, 인간의 돌봄과 온정에 기대서만 살아갈 수 있는 대상이라는 틀 속에 개를 가두어 놓고 그 외의 다른 모습으로는 보지 않으려 하는 것인지도 모른다. 이런 자기중심적 관계는 개가 나의 환상을 그대로 구현해 줄 때는 만족스럽지만, 병들고 늙어서 부담스러워지거나 말썽을 부리면 더 이상 유지되기 어렵다.

자크 데리다Jacques Derrida는 『그러므로 나인 동물』에서 벌거벗고 고양이의 시선을 마주했을 때 느낀 당혹감에 대해 이야기했다. 그는 흑인 노예들 앞에서 거침없이 옷을 훌훌 벗어던지던 귀부인들처럼 고양이의 시선을 무시할 수가 없었다. 그는 고양이의 시선에서 "전혀 다른 전적인 타자의 시선"을 발견했다. 그것은 "순진하면서도 동시에 아마 잔인하고, 아마 예민하면서도 둔감하며, 선하면서도 악하고, 불가해하고, 한없이 깊고 비밀스러운 시선"이다.[77]

　데리다는 데카르트, 칸트, 하이데거, 라캉, 레비나스를 비롯해 수없이 많은 위대한 서양 철학자들의 담론이 동물에 의해 발가벗은 채로 보인 적이 없다는 듯이 진행되어 왔음을 깨닫는다. 그들이 "동물로부터 하나의 정리를, 보는 것이 아니라 보이는 사물을" 만들어 냈기 때문에 가능한 일이었다. 그들은 자기들을 바라보는 동물의 경험을 자기들의 담론에서 전혀 고려한 적이 없다. 데리다는 이런 부정의 논리가 인류 역사 전체를 관통해 왔으며, 이런 배치 아래에서 인간들은 "보이지 않고 보았다"라고 비판했다.[78]

　데리다가 말한 '비가시성'은 타자를 배척하고 소외하는 타자화의 과정에서 중요한 역할을 하며, 반려동물의 경우만이 아니라 공장식 축산의 가축들에게도 마찬가지로 적용된다. 흑인 노예들의 시선을 무시했던 귀부인들처럼, 고양이의 시선을 무시한 철학자들처럼, 타자들은 존재하나 우리 눈에 보이지 않고, 그럼으로써 없는 존재들이 된다.

　흑인들의 역사적 경험에서 이 비가시성은 중요하게 다루어진다. 그들은 백인 중심의 사회에서 자기들의 존재가 부정당하고 흔

77　Jacques Derrida, *L'animal que donc je suis*(GALILEE, 2006), p. 310.

78　Jacques Derrida, 앞의 책, p. 345.

적 없이 지워지는 경험을 숱하게 했다. 미국 흑인 소설가 랠프 엘리슨Ralph Waldo Ellison의 소설 『투명인간』의 주인공은 과학기술이나 마법으로 투명해지는 것이 아니라, 흑인이라는 이유로 백인 중심의 사회에서 보이지 않는 존재가 된다. 여성의 경우도 마찬가지다. 여성의 가사 노동은 자본주의 시장에서 교환될 수 있는 가치를 생산하지 않기 때문에, 그것이 없이는 누구든 단 하루도 살아갈 수 없지만 보이지 않는 것이 되고 인정받지 못한다. 고기가 되어 우리 식탁에 오른 동물이 겪은 고통은 공장식 축산의 현실이 우리 눈에 보이지 않기 때문에 존재하지 않는 것이 된다. 타자를 비가시적으로 만드는 것은 아주 자연스럽게 타자에 대한 착취와 학대를 용인하게 만들어 준다. 이 말을 뒤집어서 타자를 죄의식 없이 착취하고 학대하기 위해 그들을 비가시적으로 만든다고 해도 맞는 말이다. 이러한 비가시성은 타자의 고통만이 아니라, 보이지 않는 어둠 속에 잠긴 이 타자들과 우리의 존재가 연결되어 있다는 사실까지 지운다는데 근본적인 문제가 있다.

동물과 어떻게
관계를 맺을 것인가

반려견과 가축이 동일하게 전 지구적 자본주의 경제 질서와 테크놀로지 밑에서 상품이자 사이보그로서의 지위를 공유한다고 하더라도 침팬지와 반려견, 산란계와 돌고래를 동물이라는 하나의 범주로 묶어서 그들 간의 차이를 무시해 버릴 수는 없다. 모든 동물 종은 평등하게 취급되어야 할까? 아니면 먹어도 되는 종과 먹어서는 안 되는 종이 따로 있는 것일까? 그런 것을 나누는 기준이 있다면 그것은 무엇이고 누가 정할 자격이 있을까?

철학자 피터 싱어Peter Singer는 1970년에 출간한 『동물 해방』에서 이 기준을 '쾌고감수의 능력'으로 보았다. '쾌고감수'란 고통과 쾌락을 느낄 수 있음을 뜻한다. 지능, 인격, 합리적 이성 등 동물과의 비교우위로 여겨진 인간적 특성은 평등의 문제와 아무 관련이 없으며, 중요한 것은 오로지 쾌고감수 능력이라는 것이다. 싱어는 이 원칙을 18세기 철학자 제러미 벤담Jeremy Bentham의 공리주의에서 가져왔다. '최대 다수의 최대 행복'을 추구해야 한다는 벤담의 공리주의적 원칙을 동물에 대해서도 동등하게 적용해야 한다는 것이다. 싱어는 이에 기초해 '이익 평등 고려의 원칙'을 제시했다. 이 원칙은 이익을 최대화하는 것을 선으로 보는 공리주의에 따라, 그것이 인간의 이익이건 동물의 이익이건 상관하지 않고 모든 이익을 공평하게 측정하여 최대화하는 데만 집중해야 한다고 말한다. 싱어는 인간의 이익만을 고려하는 것은 종 차별주의speciesism라고 비판하면서 그것에 반대하는 입장을 취했다.

이렇게 동물 복지나 동물권에 관한 논의는 '우리처럼' 고통을 느낄 수 있는 능력을 비롯해 인간과 유사한 동물의 특성을 강조하고, 이를 근거로 동물의 지위를 개선하고 권리를 보장할 것을 요구하는 경우가 많았다. 최근의 연구 결과는 동물들이 우리가 믿어 온 것보다 우리와 가까울 수도 있다는 사실을 보여 준다. 동물이 의식이 있는지의 여부를 따지는 데 대표적으로 이용되는 실험이 거울을 이용한 것이다. 거울에 비친 상이 자기 모습임을 알아본다는 것은 자기 존재를 하나의 객관적이고 독립된 개체로 인식하는 자아의식이 있다는 뜻이다.

1970년, 미국 비교심리학자 고든 갤럽Gorden G. Gallup Jr.은 거울 단계 실험을 통해 침팬지에게 자의식이 있음을 발견했다. 침팬지까지는 유인원이니 그럴 수도 있다 치자. 그러나 이후 다른 동물들을 대상으로 한 실험에서도 놀랍게도 비슷한 결과가 관찰되었다. 2000년, 해양 포유류 연구 학자인 다이애나 라이스Diana Reiss와 로리 마리모Lori Marino는 뉴욕 수족관에 거울을 설치해 돌고래로 실험한 결과 이들도 거울 속의 자기 모습을 알아본다는 결론에 이르렀고, 새들을 대상으로 한 실험에서도 같은 결과를 얻었다. 동물들은 전부는 아니라도 자의식과 복잡한 의사소통이라는 인간만의 고유한 능력이라 믿어지던 능력을 인간과 공유하고 있다. 인간의 발성기관을 가지고 있지 않은 돌고래가 우리 말에 대답할 수 없다고 해서 아무 생각도 감정도 없다고 할 수는 없다.

그러나 이처럼 인간과의 유사성을 찾아내고 이를 강조하여 동물 존중의 근거로 삼으려는 동물권 논의는 자칫 "모든 동물은 평등하지만, 어떤 동물은 더 평등하다"라는 조지 오웰의 말을 현실로 만들 위험이 있다. 싱어의 주장은 동물 윤리의 중요한 기틀을 제공했으며 동물 보호 운동에도 많은 기여를 한 것이 사실이지만, 여전히 인간중심주의적 관점을 벗어나지 못했다는 비판을 받는다. 동물들이 고통을 느낀다거나, 의식과 감정을 가지고 있다거나, 인간과 이러저러한 점에서 비슷하기 때문에 존중과 배려를 받아야 한다는 생각은 결국 인간을 모든 가치의 중심에 두고 존중의 기준으로 삼는 것이다. 고통을 느끼는 능력을 기준으로 삼는다면 고통을 느끼지 못하는 동물은 함부로 다루어도 괜찮을까? 만약 그들의 신경계가 우리와 너무 달라서 우리 지식의 한계로 실은 그들이 고통을 느끼는데 몰랐던 것이라면? 그리고 인간과 가깝다는 것이 존중의 근거라면 유인원은 돼지보다 더 많은 권리를 누려야 할까?

울프는 우리와 같은 존재로서 유인원에게까지 권리를 확장하려는 시도는 그들의 차이와 독특함을 인정하기보다는 우리 자신의 열등한 버전으로 인정하는 것이며, 우리가 벗어나야 할 휴머니즘의 유산을 오히려 강화하는 결과를 가져올 뿐이라고 했다.[79] 해러웨이도 이와 비슷하게, "인간 사회의 가치들이 심각한 인식론적, 윤리적, 정치적 위기를 겪는 시기에 휴머니즘 가치의 특권을 다른 범주로 확장하는 시도를 이타적이거나 관대하거나 특별히 생산적인 움직임으로 간주하기는 매우 어렵다"라는 의견을 표명했다.[80]

그러므로 동물권 논의에서 우리와 동물이 얼마나 비슷한가, 우리와 동물과의 거리가 얼마나 가까운가에 주목하고 인간 중심적 도덕관을 동물까지 포함하도록 확대하기보다는 오히려 인간과 동물의 차이에 주목하고 다름을 존중해야 할 이유를 성찰할 필요가 있

---

79   Cary Wolfe, 앞의 책, p. 192.
80   도나 해러웨이, 『종과 종이 만날 때』, 최유미 옮김(갈무리, 2022), 105쪽.

다. 데리다는 고양이의 시선에서 건널 수 없는 심연과 같은 차이를 인식한다. 그는 "인간과 동물 간의 본질적인 연속성"을 믿지 않으며, 나와 동물 사이의 경계를 지우는 것이 아니라 "경계의 형상을 증식시키는 것"이 자신의 목표라고 했다. 선을 증가시키고 증식시킴으로써 그것을 복잡하게 하고 두껍게 만드는 것이다. 그는 "인간적 모서리 너머에 대문자 동물 대신 생명체의 이질적 다수성이 존재한다는 사실을 알아야 한다"라고 했다.[81] 다시 말해서 종 간의 경계를 넘어 다른 종을 인간과 동일시하는 비유가 만들어지지만, 이러한 경계 넘기 시도는 휴머니즘이 '대문자 인간'을 보편적인 것으로 만들었듯이 '대문자 동물'의 범주 아래 복잡한 차이들을 뒤섞어 버릴 위험이 있다.

이러한 위험이 잘 드러나는 사례가 생명 중심주의자들의 주장이다. 동물의 생명 가치를 인간과 동등하게 보고, 그렇게 대우해야 한다는 생명 중심주의자들은 가축화가 인간의 동물 지배의 출발점이며, 이로부터 사상 최초의 지배-피지배 관계가 탄생했다고 주장한다. 역사학자 찰스 패터슨Charles Patterson은 인간의 동물 지배와 인간 지배가 여러모로 비슷하며, 인간이 약자를 지배하는 방식이 가축을 다루는 방식에서 출발했다고 주장했다. 그는 공장식 축산을 홀로코스트에, 가축들을 나치 강제수용소의 희생자들에 비유했다.[82]

---

81   Jacques Derrida, 앞의 책, pp. 350~351.
82   찰스 패터슨, 『동물 홀로코스트』, 정의길 옮김(휴, 2014), 25쪽.

그러나 이러한 차이를 무시한 비유는 유대인 생존자들의 반발을 샀다. 모든 생명의 가치가 동일하다는 무제한적 등가의 원칙을 내세우는 생명 중심주의는 바이러스와 인간 생명의 가치도 동등하게 보아야 한다는 식의 극단적 주장을 펴는 심층생태학의 오류에서도 반복된다.

생명 중심주의의 문제점은 차이를 고려하지 않는다는 것뿐만 아니라, 동물을 일방적인 희생자의 위치에 놓고 동물과 인간의 관계를 오로지 지배와 피지배, 종속의 관계로만 본다는 데 있다. 이는 동물이 인간과의 관계에서 영향을 행사할 행위자로서의 가능성을 전혀 인정하지 않는 것이며, 동물을 위하는 듯하지만 이 또한 동물을 사물의 지위로 격하하는 것이다.

개를 키워 보았거나 고양이 집사 노릇을 해 본 적이 있는 사람이라면 관계가 그처럼 일방적이고 단순하지만은 않다는 것을 알 것이다. 많은 이들이 개를 집에 데려온 이후로 삶이 달라졌다고 말한다. 개 때문에 긴 여행을 가기 어려워졌다거나, 개의 병원비로 상당한 금액을 지출해야 한다거나, 예쁜 패브릭 소파는 포기해야 하는 등 여러 가지 생활상의 제약이 생긴다. 그런 만큼 개로 인한 새로운 가능성도 열린다. 개와의 관계에서 얻는 정서적 위안은 말할 것도 없고, 집 밖에서만 배변을 하는 고집 센 개라면 덕분에 강제로 매일 바깥 산책을 하게 된다. 개를 데리고 공원을 걷다 보면 또 다른 반려인들이 반갑게 말을 걸어 온다. 개들은 일방적으로 인간의 애정과 돌봄을 받기만 하는 대상이 아니라 그들 또한 관계를 만드는 데 참여하는 행위자이며, 반려인이라는 이전과 다른 정체성을 가진 존재로 상대를 변화시킨다.

애나 칭은 "(인간만이 특별한 존재라는) 인간 예외주의가 사물을 보이지 않게 한다"라고 비판하면서 인간 본성은 변화 없이 일정하지만 인간은 다른 모든 것을 개변한다는 잘못된 가정을 한다고 지적했다.[83] 가축화에 대해서도 "인간 본성을 종 간 상호 의존이라는 다양한 그물망과 함께 역사적으로 변천해 온 것"으로 상상해 보자고 제안했다. 즉 "인간 본성은 종 간 관계"라는 것이다.[84] 우리가 개를 길들인 것만이 아니다. 개도 우리를 길들였다. 해러웨이는 길들이기는 인간의 일방적 행위가 아니었으며, 개의 행위성도 이 과정에서 인정되어야 한다고 주장했다. 개들의 우연성과 기회주의가 그들이 성공적인 반려종으로 진화하는 데 일조했다. 스티븐 부디안스키Stephen Budiansky는 개를 포함해 모든 길들이기가 인간과 관련 종 모두를 이롭게 하는 성공적 진화 전략이라고 평가했다. 해러웨이의 말대로 길들이기는 창발하는 동거 과정이며, 여기에는 다양한 종류의 행위 주체와 이야기가 개입한다. 반려견을 기른다는 것은 내 뜻대로 되지 않으며 항상 예상했던 것보다 많은 희생과 타협을 요구하지만, 그 과정에서 일방적인 사랑의 신화 바깥의 다양한 관계와

---

83 Anna Lowenhaupt Tsing, *The Mushroom at the End of the World* (Princeton University Press, 2021), p. 26.

84 도나 해러웨이, 앞의 책, 201쪽.

The only difference

is your attitude

Why Animal Rights?

Why Animal Rights?

RESPECT EXISTENCE OR EXPECT RESISTANCE

동물과 어떻게 관계를 맺을 것인가

동물권에 대한 논의에서 우리처럼 고통을 느낄 수 있는 능력
이 인간과 유사한 특성을 강조하면서 이를 동물 존중 근거로
삼는 것은 여전히 인간중심주의적 관점에서 벗어나지 못한 것
이라 할 수 있다. 우리와 동물이 얼마나 비슷한지 여부에
주목하기보다는 오히려 인간과 동물의 차이에 주목하고 다름
을 존중하는 성찰적 태도가 필요하다.

이야기의 가능성이 생겨난다.

　이러한 관계 맺기의 복잡성은 반려견과의 관계만이 아니라 가축들과의 관계에서도 마찬가지다. 공장식 축산의 가장 어두운 죄악은 이러한 상호 의존적 종 간 관계를 전적으로 무시하고 파괴한 데서 비롯된다. 그러나 동물을 죽이고 먹는 것을 절대 악으로 치부하고 어떤 형식의 사육과 도살에도 반대한다면 모든 문제가 해결될까? 스웨덴 철학자 마틴 해글런드Martin Hägglund는 우리가 어떤 도덕적 결정을 내릴 때 고려해야 할 타자의 수는 잠재적으로 무한하기 때문에 어떤 일부를 위해 다른 일부를 배제하지 않고서는 책임진다는 것이 불가능하다고 했다.[85] 즉 무엇에 대해서건 책임을 지려면 그와 동시에 완전히 책임진다는 것은 불가능하게 된다.

　해러웨이도 이에 대해 비슷한 입장을 표명했다. 그녀는 암 치료제 개발을 위한 실험에 사용되는 유전자 조작 쥐인 앙코마우스를 '우리의 자매'라 부른다. 앙코마우스는 우리를 위해 희생되는 동시에 신약 개발에 기여함으로써 우리를 구원한다. 동물권 옹호론자들은 육식뿐만 아니라 동물 실험에도 반대 입장을 취하는 경우가 많지만, 해러웨이는 생명 우선 입장을 취하는 한 책임감 있게 살 가능성이 없다고 말한다. 살아 있음, 살리기가 언제나 무조건적으로

85　Martin Hägglund, "The Arche-Materiality of Time: Deconstruction, Evolution and Speculative Materialism", *Theory after 'Theory'*, ed. by Jane Elliott and Derek Atridge(Routledge, 2002), p. 136.

지지되고 긍정될 수 있다고 보지 않는 것이다. 물론 동물을 상대로 실험한 신약이 인간에게도 같은 효과를 내지 않는다거나, 굳이 동물 실험을 거치지 않고서도 원하는 결과를 얻을 수 있다는 주장은 수용되어야 할 것이다. 동물에게 불필요한 고통을 줄 이유는 전혀 없다.

단지 해글런드와 해러웨이의 주장은 우리가 지상에서 살아가는 한 누구도 해치지도 희생시키지도 않고 무구한 존재로 살아가기란 불가능하다는 사실을 인정해야 한다는 것이다. 울프 역시 "선택과 관점이 없는 순수한 평형 상태의 윤리는 역설적으로 비윤리적"이라고 했다.[86] 그래서 해러웨이는 우리의 계율이 '그대, 죽이지 말지어다'가 아니라 '그대, 죽여도 되는 존재로 만들지 말지어다'가 되어야 한다고 주장했다.[87] 우리는 전혀 죄짓지 않은 무구한 존재로 살 수도 없고, 모든 것을 살리기로 선택할 수도 없다. 따라서 누군가는 죽이기로 선택해야만 하지만 죽여도 되는 존재란 없다. 그러므로 선택은 불가피하나 윤리적 책임으로 무거워지고, 우리는 이를 받아들여야 한다.

이와 비슷한 생명 우선 입장에 대한 반대는 낙태를 둘러싼 논쟁에서도 찾아볼 수 있다. 해러웨이는 "이 세계의 존재들을 죽여도

---

86   Cary Wolfe, *Before the Law: Humans and Other Animals in a Biopolitical Frame*(University of Chicago Press, 2010), p. 86.

87   도나 해러웨이, 앞의 책, 92쪽.

좋은 자와 그렇지 않은 것으로 나누는 것은 잘못이고, 죽이기의 외부에 사는 척하는 것도 잘못"이라고 했다.[88] 예를 들어 모두가 비건이 된다면 대부분의 가축은 박물관의 전통 컬렉션이라는 지위로 몰리거나, 철저한 절멸을 맞게 될 수도 있다는 것이다. 또 다른 예로 배양육은 공장식 축산의 여러 가지 문제를 해결할 좋은 기술적 대안으로 평가받지만, 만약 배양육이 보편화된다면 인도적인 방식으로 사육하는 소규모 축산농까지 도산하게 된다는 현실적인 문제도 있다. 즉 우리가 직면한 문제들에 대해서는 어느 하나 깔끔하고 완전한 해결책이 있을 수가 없다. 이러한 현실의 복잡성을 무시하고 하나의 절대적 진리, 보편적인 도덕적 원칙을 내세운다면 문제는 더 꼬일 뿐이고 오히려 불편한 현실을 은폐하는 결과가 될 수 있다.

인간 예외주의를 넘어서

동물과 어떻게 관계 맺을 것인가의 문제는, 우리가 아무리 그들과 가까이 있고 그들의 삶과 죽음에 전권을 갖는다 해도 결코 완전히 다 알 수 없는 절대적인 타자성의 심연 앞에서 어떤 자세를 취할 것인가의 문제이기도 하다. 이 건널 수도 없고 메울 수도 없으며 들여다 볼 수도 없는 심연을 인정한다는 것은 곧 오랜 인간중심주의의 잠에서 깨어나 우리가 세상을 부분적으로, 불완전하게밖에는 볼 수 없다는 한계를 받아들이는 것이다. 인간의

---

88   도나 해러웨이, 앞의 책, 103쪽.

관점에서, 인간의 지각에 의해 수용된 정보로 구성되는 세계는 인간의 세계일 뿐이다. 한집에 살더라도 나와 개는 서로 다른 식으로 세계를 감각하고 구성하므로 각자의 세계 안에서 산다. 내가 보는 세상과 개의 눈에 비친 세상은 같지 않다. 그 두 세계는 때때로 부분적으로 만나고 겹칠 따름이다.

동물을 인간의 기준으로 판단하려 하지 않는다면 우리는 동물로서의 인간, 우리 자신 또한 새로운 눈으로 볼 수 있다. 울프는 공장식 축산이나 실험동물 이용 등 현대적 관행의 생명정치적 죄악은 그것이 유발하는 고통 때문만이 아니라 동물성이 가진 활력, 창조성, 다양성을 죽이고 감소하는 데 있다고 했다. 그는 이러한 폐해가 그다음에는 우리 자신의 진화를 위한 창조적 힘인 동물성을 통해 우리 자신에게서 다양성을 발견하는 능력을 저해하게 될 것이며, 공장식 축산의 길들여진 유순함과 무기력에서 우리는 우리 자신이 맞이하게 될 암울한 생명정치적 미래를 예견할 수 있다고 했다.[89]

반려종이나 공장식 축산의 가축은 처음부터 그런 지위를 타고 났다거나, 혹은 그들이 그런 지위를 갖게 만든 본질적인 특성을 가지고 있는 것이 아니다. 해러웨이와 울프가 다 같이 강조하는 것은 어떤 존재자도 관계에 선행하여 존재하지 않는다는 사실이다. 동물들 역시 그렇다. 그들은 인간과의 관계 속에서 가족으로, 물건으로, 제물로 언제나 다시 구성된다. 그러나 그것은 일방적인 것이 아니

---

89 Cary Wolfe, 앞의 책 p. 41.

라 서로가 서로를 구성하는 상호 구성이며 공동 구성이다. 이 과정에는 이를 둘러싼 사회적, 정치적, 경제적 맥락이 연루된다. 공장식 축산은 단지 더 효율적으로 가축을 기르고 고기를 얻는 산업이 아니라 자본세에 우리가 타자와, 우리를 둘러싼 모든 세계와 관계 맺는 방식을 반영한다. 다시 말해서 이 타자와의 관계를 형성하는 맥락에 대한 성찰 없이는 관계 자체의 근본적인 변화를 기대하기 어려울 것이다.

우리가 저렴한 값에 더 많은 고기를 먹고 싶다는 욕망을 포기하지 않는 한 닭을 A4 한 장 크기의 좁은 케이지에서 꺼내 주도록 동물법이 개정되어도 공장식 축산의 현실이 크게 달라지지는 않을 것이다. 동물을 내가 여유가 있을 때만 사랑해 줄 소유물로 여기는 태도를 갖고 있는 한, 번창하는 반려견 산업의 한편에서 휴가철 길가에 버려지는 개들의 숫자도 여전할 것이다. 배양육을 생산하는 기술이 인류세의 문제를 해결하는 데 어느 정도 긍정적인 역할을 할 수 있으리라 기대하지만, 그럼에도 선뜻 기술이 만병통치약이라고 말하기 어려운 까닭은 기술적인 면은 전체 문제의 일부에 불과하기 때문이다.

우리는 기계, 동물, 타인을 비롯하여 무수히 많은 것과 연결되고 접속된 존재이며, 그러므로 전통적인 휴머니즘의 인간 경계를 넘나들며 관계 속에서 매 순간 새롭게 구성되는 포스트휴먼이다. 공장식 축산의 환경에서 병들고 불구가 된 기형의 동물들도 우리의 일부가 된다. 우리는 우리의 일부를 빚지고 있는 존재들과 공존하기 위해 크고 작은 타협을 하는 수고를 감수해야 하고, 해러웨이의 표현을 빌리자면 그들에게 '응답'할 수 있어야 한다. 해러웨이는 '책임responsibility'을 '응답할 수 있는 능력response-ability'이라고 해석했다.

상대의 부름에 적절히 응답하려면 그들이 어떤 존재이고 무엇을 원하는지 관심을 가지고 눈여겨보아야 한다. 해러웨이는 고양이의 시선을 의식한 데리다의 통찰을 인정하지만, 거기에서 한 걸음 더 나아가 고양이의 시선에 응답하지 않았다고 비판했다. 고양이의 시선은 같이 놀자는 뜻일 수도, 배가 고프니 먹을 것을 달라는 뜻일 수도, 벌거벗은 주인에 대한 단순한 관심일 수도 있다. 그 시선의 의미에 데리다가 호기심을 가졌다면 그들 사이에 새로운 관계가 시작되었을지도 모른다. 우리에게 최초의 타자였던 동물의 시선에 응답하려는 노력으로부터, 인류세에 동물이자 포스트휴먼으로서 우리가 어떻게 그들과 함께 얽혀 더 잘 살고 더 잘 죽을 수 있을지에 대한 모색이 시작될 것이다.

포스트휴먼으로 살아가기

AI 시대에 우리가 마주한 대격변의 삶

1판 1쇄 찍음 2024년 4월 23일
1판 1쇄 발행 2024년 5월 3일

지은이 신상규 이상욱 김재희 정혜윤 전혜숙 이상헌 김애령 송은주
펴낸이 김정호

편집 임정우 김명준
디자인 공중정원 박진범

펴낸곳 아카넷
출판등록 2000년 1월 24일(제406-2000-000012호)
주소 10881 경기도 파주시 회동길 445-3 2층
전화 031-955-9509(편집) · 031-955-9514(주문)
팩스 031-955-9519
www.acanet.co.kr

ISBN 978-89-5733-915-2 03300